AF216690

edition ◆ karo, Berlin 2022

Elisabeth Göbel, Jahrgang 1939, ist aufgewachsen in Klein-machnow bei Berlin. Sie studierte Anglistik, Slawistik und Pub-lizistik und schrieb für Tages- und Wochenzeitungen Beiträge mit kulturellen und touristischen Themen, auch für Rundfunksender. Sie veröffentlichte Erzählungen, Lyrik und Romane. Zweifach Preisträgerin im Bertelsmann-Erzählwettbewerb; mit *Frieden spielen,* nominiert für den Peter-Härtling-Preis.
In der edition karo erschienen *Das Petersburger Lächeln, Polnisches Kaleidoskop* und *Von Blüten und Blättern.*

Elisabeth Göbel

MEIN HUNDERTJÄHRIGER GARTEN

Tagebuchnotizen und Erinnerungen

Literaturverlag Josefine Rosalski, Berlin 2022

Für Karoline
eine Wiedergutmachung

Die Ordnung ist die Lust der Vernunft. Aber
die Unordnung ist die Wonne der Phantasie.
Paul Claudel (1868-1955)

1. JANUAR Nieselregen

Mit guten Vorsätzen ins neue Jahr zu gehen, habe ich immer abgelehnt, wohl wissend, dass sie schnell vergessen sind oder mit Ausreden zugedeckt werden. Diesmal aber doch: Die Vorsätze kamen zu mir auf leisen Sohlen, nicht laut und aufdringlich wie ein Silvesterfeuerwerk, auch kein kategorischer Imperativ, sie waren einfach da. Ich war auf einer Lesung in der Wall Street Gallery, eine liebe Freundin las ihre Fluchtgeschichte – von Ost nach West im Winter nach dem Bau der Berliner Mauer –, die dort spielte, wo sie vorgelesen wurde, Friedrichstraße, nahe dem Checkpoint Charlie. Geschehen vor so vielen Jahren und immer noch eine Gänsehaut. Ich fuhr mit dem Fahrrad zur Bushaltestelle in Kleinmachnow – auch hier gab es eine Grenze zwischen Ost und West – und freute mich an meinem neuen hellen Fahrradlicht, dann mit der S-Bahn zum Anhalter Bahnhof. Dann zu Fuß an einem Hotel vorbei, an der Topografie des Terrors, diese von hinten, der Gropiusbau von der Seite, Niederkirchnerstraße mit Abgeordnetenhaus von ferne, Zimmerstraße, ich finde die Galerie, den Ort der Lesung. Ich war alleine gekommen, kannte kaum einen der Gäste, und alles war gut.

Im Vorfeld hatte ich aus einer immer wiederkehrenden Angst vor unbekannten Topografien, zumal bei Dunkelheit, versucht, Freundin und Ehemann zum Mitkommen zu überreden, sie wollten nicht, so weit, so dunkel, so unbekannt ich ging alleine.

Ich genoss es, den Weg zu finden, rasch auszuschreiten im Dunkeln und im leichten Regenschleier die mit Kunst und Kunsthandwerk bestückte Galerie zu erreichen und freundlich empfangen zu werden.

Auf dem Nachhauseweg kam der erste gute Vorsatz und lief mit mir durch die Wilhelmstraße und die Anhalterstraße, fuhr neben mir in der S-Bahn, setzte sich zu mir aufs Rad: Ich werde mich abends wieder öfter auf den Weg machen ohne eine Begleitung, die den Weg, die Gegend, die Unternehmungslust kennt, ich werde die Trägheit und die Müdigkeit und die Ausreden übergehen und mein gemütliches Sofa einfach sitzenlassen. Ich werde – ich kann.

Das sagen die jedes Jahr wieder befragten Gute-Vorsätze-Forscher: Ich muss ja nicht – ich kann; je nach Wetter, Laune und Angebot. Gute Vorsätze sind leichter einzuhalten, wenn sie nicht als starres Gebot, das kein Abweichen duldet, daherkommen. Starre Äste brechen leichter als weiche, elastische.

Die zweite Verabredung mit mir selbst kam schon ein paar Tage früher: Ich will wieder schreiben. Nach den Mühen des Korrekturlesens und Endrecherchierens fürs Kleinmachnower Gartentagebuch *Von Blüten und Blättern*, in dem es ja auch ums Schreiben ging, und für die selbst verlegte Nachkriegserzählung *Frieden spielen,* nach dem Ordnen vieler Seiten unveröffentlichter Autobiografiekapitel hatte ich mich vom Schreiben verabschiedet – keine Zeit, zu alt, Arbeit in Haus und Garten, besonders Letzteres, und die Wörter werden schwer und bewegen sich träge und altersgemäß; auch die einst flottierenden Wörter sind mit mir alt geworden, ich besitze und benutze sie ja schon viele Jahrzehnte. Damit nun aber die regelmäßige Schreibübung gelingt, gewissermaßen ein Rückgrat bekommt, benutze ich wieder den Kalender; das Tagebuch zwingt mich zur Disziplin. Und damit es mir nicht wie mit früheren, rasch durch die Fülle dessen, was festgehalten werden soll, zu einem vorzeitigen Ende gekommenen Tagebüchern geht, beschränke ich mich wieder und noch einmal auf den Garten. Es ist der Garten meiner Kindheit. Es ist der Garten, in dem ich aufwuchs und in dem ich heute wieder lebe. Diesmal sei der Fokus eher aufs Nichtstun gerichtet; ich habe mich auf »Faulheit« programmiert in unserem nun hundert Jahre alten Grünland, und es reizt mich das Zurückschauen auf seine Geschichte, von deren Anfängen ich wenig weiß, und auf meine nicht viel jüngere Lebens- und Familiengeschichte, zu der sich viel Unveröffentlichtes angesammelt hat.

Wenn ich es schaffe; wenn ich gleichzeitig auch das Nichtstun, den Müßiggang und das Genießen, ein Gartenjahr lang schaffe.

Schreiben nach dem Kalender. Ich könnte als Rückgrat ebenso gut das Alphabet benutzen – Arbeit, Achtsamkeit, Abgrenzung, Alter, Blattläuse, Blumen, Chemie –, doch ist mir das Kalendarium angenehmer als das Alphabet; man kann einzelne Tage weglassen, sie einfach überspringen. Die Abfolge der Tage ist vorgegeben wie bei einem Kaleidoskop die Menge der bunten Glasplättchen. Anders als beim Kalender mit seiner numerischen Struktur erzeugt das Kaleidoskop bei jeder Drehung ein anderes Muster, ein neues Bild, und damit gleicht es unserem Fundus an Ereignissen; heute dies, morgen das, heute ein Bruchstück, morgen eine Geschichte. Das Chaos ordnet sich immer wieder neu. Erinnerungen sind nicht kalendarisch gespeichert.

Das Dritte, das einfach erscheint und doch nicht so einfach ist: Ich will mich mögen und gut finden, so wie ich bin, innen und außen, jetzt auf der Stufe zum – wer weiß – letzten Jahrzehnt meines Lebens. Doch darüber ein andermal.

2. JANUAR. Nieselregen

Im Garten fleißiger zu sein habe ich mir nicht vorgenommen. Da singe ich jetzt also das Lob der Faulheit, zumal in dieser Jahreszeit. »Die Arbeit ist etwas Unnatürliches, die Faulheit allein ist göttlich«, schreibt Anatole France. Und schon muss ich ihm widersprechen. Es ist ein Bonmot; nichts gegen die göttliche Faulheit, doch wer wüsste nicht, wie wohltuend es ist, eine Arbeit erledigt zu haben. Man denke nur an die biblische Schöpfungsgeschichte.

So viel Grau in diesem Winter. Nicht nur an den Abenden, auch tagsüber sieht man kaum einmal ein Stück heiteren Himmels. Aber als ich dann mit Schal und warmer Weste durch den Garten ging, entdeckte ich dennoch Farbe.

Nicht nur die Vielfalt der Brauntöne bei den abgeblühten Stauden, deren Stängel und trockene Blütenstände noch in den Beeten stehen. Auf dem nach langer Sommerdürre im letzten Jahr jetzt wieder grünen Rasen, der durch die Nadelstreu der Lärche eine zimtfarbene Lasur bekam, liegen sommergelbe Äpfel, ungleichmäßig verstreut und doch ein Muster, kleine Sternzeichen bildend. Sie blieben nach überaus reicher Ernte am Baum, fallen erst jetzt, reif und mürbe, und Amseln und Eichelhäher machen sich darüber her. Manchmal kommen Wacholderdrosseln, die aber lieber oben in den Zweigen am Obst herumpicken. Der violette Grünkohl im Beeren-Blumen-Kräuter-Beet, das wegen seiner quadratischen Form bei uns das Karree heißt, hat viele Blätter verloren, rotkohllila liegen sie am Boden. Irgendwann werde ich versuchen, aus den noch frischen Teilen ein Gemüse zu kochen. Dann ist es vorbei mit dem lila Gekräusel. Neben dem Kohl stehen wie riesige Weihnachtssterne die immergrünen Yuccarosetten, daneben das weihnachtskrippenbraune Chinaschilf. Das helle Rot der Zweige vom Sibirischen Hartriegel verliert selbst bei diesem trüben Wetter nicht seine optimistische Kraft. Ich werde die trockenen Stängel der Fallschirm-Rudbeckie abschneiden, was keine schwere Arbeit ist, dann kann das Rot durch den ganzen Garten strahlen, der eine Länge von achtzig Metern hat, bei etwa dreißig Metern Breite. Einhundertfünfzehn Schritte laufe ich in der Diagonale vom Gartentor bis zum Komposthaufen.

Im Laufe des Tages kommt immer mal wieder die Sonne durch. Ich fotografiere die gelben Kugeln im Apfelbaum, um einen Neujahrsgruß an eine Freundin zu schicken, doch auf den Bildern leuchten sie überhaupt nicht, und die Äste sind störrisch und schwarz. So wird auch mein Neujahrsgruß.

3. JANUAR

Heute ist der Himmel hell, Regen und Sturmwind sind vorbei, ich nehme einen Besen. Ärgere mich über die Nadeln der Lärche, die nicht wie bei Fichten und Tannen den Winter über am Baum bleiben. Die Lärche ein Laubbaum, lästig die Nadeln überall, auf dem feuchten Holz der Terrasse kleben sie, sammeln sich, denn sie sind leicht, in jeder Ecke, kriechen zwischen die Doppelfenster und verhakeln sich auf dem Teppich im Flur. Eine Plage, ein Ärgernis. Was für eine Albernheit, da von zimtfarbener Lasur zu sprechen. Trotzdem freue ich mich, dass der Mensch die Dinge heute so und morgen anders sehen kann.

Die Chinesen, wir hörten es beim Frühstück im Radio, hörten es mit Staunen, sind auf der Rückseite des Mondes gelandet, nein, natürlich nicht die Chinesen, sondern ein Satellit, und jetzt müssen wir lachen, sie wollen, könnten, sie denken drüber nach, dort auf dem Rücken des Mondes Kartoffeln anzubauen. Das Volk der Reis- und Nudelesser. Ein Joke, ein Kalauer, ein Übersetzungsfehler, eine Fake-Nachricht? In der Zeitung stand dann Gemüse, das versteht man schon eher. Wir löffeln unsere Haferflocken, und ich male mir riesige Gewächshäuser ohne Erde und mit künstlicher Beleuchtung aus. Es funktioniert doch auch bei uns auf dem blauen Planeten. Beim Flug nach Spanien sah ich die Verschandelung der Landschaft, Plastik soweit das Auge reicht. So ist der Mond doch immerhin eine Alternative, und seine Rückseite sehen wir ja sowieso nicht.

J. erzählte, dass sie Kartoffeln in Kübeln auf der Terrasse anbaut, die Ernte ein Triumph, die kleine Mahlzeit ein Fest. Das habe ich gemacht, als der Enkel klein war, weil er lernen sollte, wie es geht, das Setzen, Wachsen, Ernten, und später musste ich ihn überreden, beim Ausgraben dabei zu sein, mitzubuddeln, ja da macht man sich die Finger dreckig, aber ist es nicht wie nach einem Schatz zu graben, und am Ende – eigene Kartoffeln, nur mit Butter und Salz, was für ein Genuss. Was für eine Selbstverständlichkeit in meiner Kindheit – die krautigen Reihen, das Ernten mit der Grabegabel, die immer mal eine der gelben Knollen aufspießt, das Kartoffelfeuer im Herbst. Und nun Mond-Kartoffeln.

Wenn ich als Kind im Bett lag und nicht schlafen konnte, weil der Mond so heftig ins offene Fenster schien – hätte ich da gedacht, dass jemand einmal dort oben landen wird, dass außer dem lieben Gott jemals einer weiß, wie der Erdtrabant von hinten aussieht? Guter Mond, du gehst so stille.

Heimat

Eine bestimmte Landschaft. Kornfelder, blauer Himmel, Bäume, die Schatten spenden, denn immer ist Sommer; nichts Schroffes, weiche Linien, die sich manchmal zu einem Hügel formen. Die Sanddüne im Grunewald und den Kiebitzberg hinunterfliegen, ein nie wieder erlebtes Gefühl von Freiheit und Lust. Der Teich mit dem Schilfsaum, der immer irgendwo eine sandige Bucht hat, der tastende Fuß zuerst noch über festen Sand, dann durch Wasserpflanzen hindurch, das Eintauchen ins eben noch kühle, aber in keiner Weise erschreckende Nass – Heimat.

Meine Großmutter in ihren langen Röcken mit Muschel-, Blümchen- oder Pünktchenmuster, ihr Busen und Bauch, die ineinander übergehen, weich wie Hefeteig, ihr dünnes, zu einem Knoten geknüpftes Haar. Und der Geruch nach Frischgebackenem und nach Leberwurst, an der ich mich vollfraß bis mir schlecht wurde, auch das ist Heimat.

Und abends todmüde ins Bett. Nicht erschöpft und voller Anspannung wie später in den Jahren der Schulzeit, sondern müde, weil der Tag zur Genüge mit den unterschiedlichsten Dingen des Lebens gefüllt war. Im Bett liegen und durch das offene Fenster das Gemurmel der Stimmen von der Terrasse hören. Heute noch genieße ich nichts so sehr wie den Augenblick, wenn meine Konzentration bis zur Neige ausgeschöpft ist, wenn ich bis zur letzten Minute meiner Aufmerksamkeit im Bett gelesen habe; ich lösche das Licht, drehe mich auf die Seite, sinke ins Kissen, alles los-, alles hinter mir lassend. Einsinken in den feinen Sand des Schlummers. Das Ungewisse zulassen – dein Reich komme. Sich dem Kissen, dem Schlaf, der Gewissheit, dass es eine Geborgenheit im Leben doch gibt, anheimgeben – das ist wohl der köstlichste Moment eines jeden Tages. Auch das gehört für mich zu »Heimat«. Das Glücksversprechen für den kommenden Tag, das diese allerletzten Sekunden des vorhergehenden in sich bergen, es muss wohl eine Reminiszenz an die Sorglosigkeit der frühen Kindheit sein. Vielleicht ist es Verklärung. Vielleicht ist alles, was wir Heimat nennen, Verklärung.

Wie schade, dass das vertraute Wort Heimat längst kontaminiert ist, dass es sich von der individuellen Wahrnehmung, von den persönlichen Lebensspuren entfernt hat und in einen politischen Rahmen geraten ist. Da mag man es ja kaum noch benutzen. Heimat ist auch, schreibt Peter Sloterdijk, der Ort, »wo deine Traumata auf Speichern unterm Dach, in versiegelten Schubladen, in vergessenen Kellerregalen wieder zum Sprechen kommen.« Heimat sind Orte, »an denen wir die Verletzungen, die Konfusionen, die Halbheiten, von denen wir herkommen, wieder aus der Nähe studieren können.«

8. JANUAR
Regen und Wind. Wieder ist Sturm angesagt.

Ich habe ein neues Moleskine Notizheft begonnen mit den üblichen Anfangsschwierigkeiten, weshalb ich die ersten fünf Seiten blanko ließ. Nicht für spätere Aufzeichnungen, sondern aus Respekt vor dem Ungesagten, auch Unsagbaren, und auch vor dem, was andere Kluges, Geistreiches, Einmaliges, Zwei- und sogar Vieldeutiges sagen könnten, Dinge, die mir niemals einfallen, Sätze, die so einfach und weise daherkommen, dass man manchmal nicht unterscheiden kann, ist es simpel, ist es klug? Die einfache klare Sentenz, René Descartes' »Cogito ergo sum«, die mein Vater gerne zitierte, fällt mir ein – ist es simpel, ist es klug? Wenn sich mein Vater, hochbetagt, gegenüber Ärzten, Pflegern und den Gutachtern der Krankenkasse so auf Lateinisch äußerte, bewirkte das zwar keine Pflegestufe, stattdessen aber Bewunderung.

Bücher, die klug daherkommen oder klug sind, haben manchmal außer einem Lesebändchen ein paar leere Seiten am Ende, Platz für den Leser, um Wichtiges als eigene Notate festhalten zu können – meistens bleiben sie leer wie die Spiegel der Umkleidekabinen am Ende des Tages. Man ist froh, wieder draußen zu sein.

Regen und Wind, und ich habe eine Erkältung, weiß nicht, woher, verstopfte Nase und Watte im Kopf, kein Platz für weiter als zur Aspirinschachtel oder zum Heißwasserkessel reichende

Gedanken. Ingwerscheiben mit kochendem Wasser überbrüht. Da kommt unerwartet ein Telefonanruf, eine Verabredung zu einer »Mitmach-Ausstellung« mit dem netten Titel ›Ey, Alter‹. Der Auffassung, das Alter bestehe nur aus Defiziten entgegenzuwirken, ist die Idee. Ey Alte, jetzt werd' erstmal gesund.

9. JANUAR

Ein Video macht die Runde, schon 200 000 Mal auf Facebook angeklickt: Die Kleinmachnower Wildschweine. Eine Rotte von mindestens zwanzig Tieren zieht durch den Ort. Die sonst nachtaktiven Schweine rennen am hellen Tag unbehelligt den Grünstreifen der Hohen Kiefer entlang, überqueren die Fahrbahn der vielbefahrenen Straße, und man ist froh, dass ihnen kein Autofahrer, Radfahrer oder Fußgänger in den Weg gerät. Pesen, das Wort aus meiner Kindheit fällt mir ein, es passt. Sie pesen, die Schweine. Meistens sieht man ja nur die Spuren und das Ergebnis ihrer nächtlichen Streifzüge, aufgewühlte Gärten, verwüsteten Rasen.

Wenn ich bei Dunkelheit mit dem Fahrrad durch den Ort fahre, durch schmale Straßen und an Gestrüppstreifen und einem Tümpel vorbei, denke ich, bloß jetzt kein Wildschwein. Wenn wir aber mit dem Auto unterwegs sind, wünsche ich mir, endlich doch einmal ein Schwein zu sehen, niedliche Frischlinge oder einen mächtigen Keiler. Noch sah ich keine, trotz der vielen Spuren, die sie hinterlassen. Nun also kann ich eine ganze Rotte im Video anschauen.

An der Ecke zum Langendreesch ist in einem großen Garten die bis gestern perfekte Rasenfläche von vorne bis hinten durchwühlt. Der Mähroboter hat so bald nichts mehr zu tun. Zu Fuß folge ich am Tag der Spur der Schweine, finde an unserem Gartenzaun außen eine Trampel-, Wühl- und Schnüffelfährte. Dass sie im gegenüberliegenden, unbebauten Grundstück zwischen Laubhaufen und dichtem Wildwuchs hausen, ist naheliegend, der Zaun ist marode, das Gartentor fehlt.

In der Zeit der ersten Verbuschung des seit Jahren leerstehenden Gartens sang dort im Frühling die Nachtigall. Immer war sie da, wir schliefen bei offenem Fenster. Weil jetzt aber das Grünzeug in die Höhe geschossen ist, weil aus Büschen Bäume wurden, fehlt den bodenbrütenden Vögeln der Nistplatz. Hineingehen mag da niemand, und ein Jäger kann wegen der bewohnten Nachbargärten gegen das Schwarzwild nichts ausrichten. Als die Jungs ihre Silvesterböller über den Zaun warfen, rührte sich kein Schwein, obwohl es keine harmlosen Knallfrösche waren, die herumschwirren und dann höflich zerplatzen, sondern extrem lautes Knallwerk. Da taten mir die Tiere dann schon leid. Doch es rührte sich nichts.

Über den »Wildschweintourismus« von Berlin nach Kleinmachnow informierte uns in den Kammerspielen der Wildtierexperte des Landes Berlin, Derk Ehlert. Normalerweise hielten sich die Tiere im Grunewald auf, wo sie Platz hätten und artgemäßes Futter fänden. Wenn aber an den Wochenenden Spaziergänger und Hundehalter den Wald bevölkern, wird es den Schwarzkitteln in ihrem natürlichen Habitat zu laut, sie flüchten ins Umland, in die ruhigen Gärten von Stahnsdorf und Kleinmachnow. Da, wo einmal die Mauer stand, kommen sie aus dem Grunewald herüber. Sie schätzen reichlich mit Tulpenzwiebeln gespickte, gepflegte Böden, und sie mögen volle gelbe Säcke. Die gelben Säcke beschnüffeln und zerreißen sie, weil sie ihnen neue Gerüche anbieten, exotische Geschmacksnoten, die die neugierigen Tiere gerne probieren. Da sie klug sind und sich Dinge merken können, suchen sie es wiederzufinden, das Schlaraffenland der verlockenden Düfte, der neuen Geschmäcke. Wo? In den Kleinmachnower Gärten.

10. JANUAR

Alles schmeckt, riecht, fühlt sich an nach Cineol, durch einen Film aus Cineol blicke ich nach draußen, die Sonne scheint.

Die Sonne scheint, und ich bin immer noch erkältet, beide sind wir erkältet, und auch die Kürbissuppe schmeckt nach dem Eukalyptus aus der grünen Kapsel, unserer Medizin seit Tagen. Doch der fremde Geruch, Geschmack und Augenblick, der ein Bild tropischer Plantagen in mir weckt, hindert mich nicht, auf der Spur eines Sonnenstrahls in den Garten zu gehen.

Unter der Hemlocktanne blühen die ersten Cyclamen, winter-harte Alpenveilchen, weitaus bescheidener als die Saisonveilchen für die Fensterbank. Eigentlich ist ihre Zeit erst im Februar und März, doch jetzt, Anfang Januar, blinken mir schon winzige pur-purrote Blüten im grüngesprenkelten Blattwerk entgegen. Vor-sichtig beseitige ich vom Sturm herabgewehte Äste und Nadeln. Die Blättchen der zahlreichen Sämlinge verweisen auf Zukunft. Im Sommer war da nichts unter der Tanne, nur Nadelgestreu und die Sorge, die Winterblüher könnten für immer verschwunden sein. Sie brauchen kalkhaltigen Boden, den gibt es nicht bei uns. Aber die flachen Knollen verharrten in der Erde; lange brauchten sie, nachdem wir sie eingegraben hatten, so dass wir fürchteten, wir hätten sie verkehrtherum gelegt – die flache Seite nach oben oder nach unten? –, bis ich sie wieder ausgrub, aber alles war richtig. Elite heißt die Sorte, da muss man sich schon Mühe geben.

Nun blühen sie, und mancher Stängel windet und beugt sich wie der Hals eines Flamingos. Auch die Lenzrose, von der ich stets dachte und sagte, das wird nichts, hat drei mutige Knospen-stängel. Bei uns sät sie sich aus wie verrückt, sagte die Frau, die sie mir schenkte, bei uns wird das wohl nichts, sagte ich, der Boden ist sauer.

Es stimmt, der Boden ist sauer. Überall wachsen Eichen, deren gerbsäurehaltige Blätter im Herbst herüberfliegen. Wir haben den pH-Wert nicht untersuchen lassen, aber es zeigt sich an dem, was wächst und dem, was rasch wieder verschwindet – der Boden ist sauer. Da half es auch nicht, dass ich Eierschalen zerbröckelte und ins Beet brachte, und mit Kalk aus dem Gartenladen habe ich einiges beinahe umgebracht. Wenn man mit dem Gärtnern an-fängt, meint man, alles ließe sich machen. Nun freue ich mich, dass Cyclamen und Lenzrose, wenn auch bescheiden, blühen.

Die Sonne verschwindet, das kleine Cyclamenrot verglimmt, und ich begebe mich wieder unter die Herrschaft des Cineols. In all den Jahren meines Lebens habe ich nicht gelernt, nach welcher Methode die Beipackzettel einer Arznei zusammenzu-falten sind, damit sie wieder in die Schachtel passen. War ich zu selten krank? Über Dosierung und Nebenwirkungen informiert mich jetzt bequem das Internet. Muss ich also das korrekte Falten nicht mehr lernen.

11. JANUAR. Trübe und Regen

Cyclamen coum ssp. Coum. Wie gut, dass ich ein *Etymologisches Wörterbuch der botanischen Pflanzennamen* besitze, siebenhundertundeine Seite, mit ein paar leeren Blättern für Notizen am Ende. Helmut Genaust heißt der Verfasser und macht seinem Namen alle Ehre.

Kykláminos – auch die korrekte Betonung wird angezeigt. Schon Theokrit, der der Literatur die bukolische Poesie bescherte, beschreibt im dritten Jahrhundert vor unserer Zeitrechnung die hübsche Pflanzengattung als »Sippe mit kugeligem, knolligem Wurzelstock und wohlriechenden Blüten, die zu Kränzen geflochten werden.« *Coum*, oder *cous*, heißt von der Insel Kos, wo Hippokrates geboren wurde, und die berühmt war »durch ihren Wein und ihre feinen, halbdurchsichtigen Gewänder.«

Nun bin ich so beschäftigt mit dem Aufschreiben der Erklärungen, dass ich nicht noch einmal rausgehe, um mich bei den Veilchen auf den Nadelteppich zu kauern. Duften sie wirklich? Ich habe Schnupfen, ich rieche sowieso nichts. Sie zu pflücken, Kränze zu binden, sie ins Haus zu nehmen, das ist nun wirklich tabu. In meinen Gartenbüchern gibt es Bilder mit ausgedehnten Arealen blühender Cyclamen, da kann man neidisch werden. Kaum zu begreifen die Vorstellung, dass es die entzückenden Kos Veilchen schon vor mehr als zweitausend Jahren gab.

15. JANUAR

Ein wenig Helle kommt am Himmel auf, das Grau hat von Hechtgrau zu Heringsgrau gewechselt. Ein Eichhörnchen saß auf dem Baum und verspeiste einen Apfel, hielt ihn zwischen den Pfoten, den Schwanz wie eine Stola über den Rücken gebreitet, wobei die Schwanzspitze kess nach außen gedreht war, eine Eichhörnchendame, sie knabberte, sie aß, dann fiel ihr der Apfel runter, fiel zwischen das andere Fallobst und ich wartete, ob das

Tier den angebissenen Apfel suchte oder einen neuen nahm, aber es hechtete davon, und der Spuk war vorbei.

Ich habe Zeit, solche Dinge zu beobachten, weil mich die Erkältung immer noch ans Haus fesselt. Jetzt machen sich zwei Elstern über die Äpfel her. Da die Äpfel auf der Wiese nicht weggeräumt werden, sind sie den Vögeln ein willkommenes Futter, ein sinnvolles Nichttun unsrerseits also. Wir können, solange der Winter währt, die Unordnung im Garten ertragen. Natürlich ist das meiste in Apfelhorden sicher verwahrt.

Lutz' Erkältung hat sich verschlechtert, der Arzt musste kommen, nun liegt er mit einer Lungenentzündung im ersten Stock im sonst für Gäste genutzten Bett. Auf dem Küchentisch eine ganze Batterie verschiedener Medikamente. Jetzt lese ich nicht die Tageszeitung, sondern die Beipackzettel, eine umfangreiche Lektüre. In der Schachtel eines alten und nun vom Arzt aus dem Verkehr gezogenen Schmerzmittels, das wir zehn Jahre lang aufbewahrten, ist die Packungsbeilage halb so groß wie die Gebrauchsanweisung des gleichen Medikaments, das gestern verordnet wurde, da sind es vier, vorher waren es zwei Seiten. Aus der Hausapotheke meiner Mutter hob ich eine kleine Blechschachtel mit dem Schmerzmittel *Eu-med* auf, dessen Beipackzettel kaum größer als eine Briefmarke war. Das gehört schon ins Museum, *Eu med* – die schöne Medizin.

Unterm Weihnachtsbaum lag bei uns ein 3-D-Puzzle mit Anweisungen für den Umgang mit dem zu bastelnden Sperrholzvogel. »Werfen Sie das Produkt nicht auf Personen oder Tiere, da dies zu Erblindung oder anderen Verletzungen führen kann.« Auf der Sektflasche, die wir zum Fest entkorkten, stand, dass man sie nicht schütteln möge, und beim Öffnen ziele man nicht auf Menschen oder herumstehende Dinge. Wo bleibt die Vernunft, die Verantwortung fürs eigene Tun? Kein Verbot und keine Anweisung fand sich indes auf der Champagnerflasche.

Als ich mit der Verordnung des Arztes in der Apotheke war, bemerkte ich als erstes die Schubladen hinterm Ladentisch. Dunkel gebeiztes Eichenholz, weiße Emailleschilder, darauf die vertrauten Namen *Thilia, Quercus, Chamomilla, Sambucus, Calendula.* Minze, Melisse, Baldrian, Brennnessel, noch mit zwei, nicht drei

N. Vielleicht hat mein Großvater, der Tischlermeister aus dem Elsternstieg, die Schränke, die Schiebetüren und die Schubladen gebaut; der rechte Winkel, die Bauhausschlichtheit, das war sein Stil. So vertraut erscheinen mir die einfachen Griffe an den Schiebetüren der Apothekeneinrichtung, als hätte ich sie selbst jahrzehntelang benutzt. Wir hatten, als ich Kind war, einen Ausziehsessel aus Opas Werkstatt, den ich gerne noch besäße, mit festen geraden Polstern in frischem Kornblumenblau und mit eckigen Armlehnen aus Holz, nicht gemütlich, nicht bequem, ein Möbel, dessen Schlichtheit ich heute durchaus schätzen würde. In der Nachkriegszeit, als ich heranwuchs, fanden wir Opas Sessel unbequem, alle wollten lieber Plüschiges. Wie schön, dass es in unserem Ort die alte Apothekeneinrichtung noch gibt. Als die Apotheke 1937 eröffnet wurde, war Großvater fünfundsechzig, er war rüstig und an einen Rückzug aus dem Arbeitsleben dachte er noch lange nicht.

Kochen. Mittagessen. Der Himmel ist immer noch grau, lachshautgrau inzwischen. Aber gestern gab es eindrucksvolle Wolkentürme.

Bevor ich mich in die Küche begab, kramte ich in einer Schublade mit Dokumenten, weil ich die genauen Lebensdaten meines Großvaters nicht mehr wusste. Ich fand ein Papier, das seine Schwester Emma, die die letzten Lebensjahre nach dem Tod meiner Großmutter bei ihrem Bruder in Kleinmachnow verbrachte, geschrieben hat. Im selben Haus, in dem wir jetzt leben, wo Lutz' Lesesessel und der Biedermeiersekretär mit den vielen Schublädchen steht, an diesem Ort, wo ich alte Dokumente aufbewahre, hatte Emma ihr Zimmer, ihre Stube. Sie kam aus Gumbinnen, hatte eine lange Flucht hinter sich, bis sie bei ihrem Bruder in der »Ostzone« landete. Im Stammbuch fand ich einen Zettel mit einer von ihr verfassten handschriftlichen Notiz, die eine Todesanzeige ersetzte: »Mein lieber guter Bruder – Otto Karos – Tischlermeister und Besitzer, geboren den 12.8.1872 – gestorben 4.9.1951 – nach zweitägigem schwerem Leiden in Kleinmachnow …«

Ich habe mich nicht verlesen, das Leiden dauerte zwei Tage. Ein gutes Ende nach einem beinahe achtzig Jahre währenden Leben. Er starb in seinem Bett. Zu Hause.

In der kleinen Stube stand Emmas Bett, in dem mein Großvater aufgebahrt war, als ich aus der Schule kam. Sein weißes,
noch volles, lockiges Haar, das friedliche Gesicht, die Hände
gefaltet. So blieb er mir im Gedächtnis. Zum Mittagessen gab es
Hühnersuppe mit selbstgemachten Nudeln, etwas Besonderes für
besondere Tage, doch ich konnte nichts essen und verstand nicht,
warum. Es ist noch nicht lange her, dass ich von einer Heimat-
forscherin erfuhr, dass das Gestühl der Friedhofskapelle von Otto
Karos, meinem Großvater, stammt.

18. JANUAR

Über Nacht hat es ein wenig geschneit, kaum der Rede wert, und
am Morgen ist der Himmel noch bedeckt, aber es zeigt sich
schon Blau dazwischen, und plötzlich habe ich Gedichtfragmente
im Kopf: ... kleiner blauer Schmetterling. Wie ging es, wer schrieb
es? Detlef von Liliencron? Nein, bei ihm flattert der Schmetterling mit Tschingtsching bumbum um die Ecke. Das ist mir zu
militärisch. Der kleine Blaue von Hermann Hesse, er ist's, »ein
perlmutterner Schauer«, der mir mit »Augenblicksblinken« im
Kopf herumschwirrt. Und ich denke an das vermaledeite Insek-
tensterben und bin traurig.

Es sind ja nicht nur die Bienen. Was gab es für Schmetterlinge,
Tag- und Nachtfalter, als wir mit dem Gärtnern anfingen. Pfauen-
auge, Zitronenfalter, Kleiner Fuchs, Schwalbenschwanz, Kaiser-
mantel, C-Falter, Distelfalter, Apollofalter, Admiral. Schachbrett
und Dukatenfalter. Bläuling, Grauling, Hüpferling, was für liebens-
werte Namen. Nicht alle bevölkerten die Gärten, aber es gab sie
am Waldrand, am Wiesenrain. Wenig beachtet der Kohlweißling,
der ja ein Schädling für die Kohlköpfe war; heute ist er neben ein
paar Pfauenaugen beinahe der einzige, der übrig blieb. Wenn ich
die Namen auflíste, merke ich, was für ein Verlust. Wenn ich die
Namen auflíste, kommt Farbe in den Wintertag.

Es scheint, ich möchte, dass der Winter geht, dass wieder Frühling, Sommer ist. Auch wenn das Artensterben um sich greift, ist
unser alter Garten, der im Laufe der Jahre aufgrund verminderter
Pflege und verminderter Eingriffe durch die Gärtnerhand genug

verwilderte Ecken hat, ein Reich der Vielfalt, die zunimmt, lässt man Wildkraut, Unkraut und Sämlinge wachsen. Immer wenn's kalt ist, taucht in meinem Kopf auch der Liedvers »Herr Winter, geh' hinter« auf. Wenn ich auf meinen Bus oder auf einem zugigen Bahnhof auf S- oder U-Bahn warte: Herr Winter, geh' hinter, dein Reich ist vorbei.

Aber die Natur braucht Regen, braucht Schnee, braucht Kälte. Von den Cyclamen knipste ich mit dem Fingernagel eine Blüte ab, stellte sie Lutz, der immer noch krank ist, mit einem ersten, dem bisher einzigen Schneeglöckchen in eine daumengroße Vase. Riecht es? Duftet es? Weiß nicht – der Schnupfen … Trotzdem freute es ihn so sehr, dass er es allen zeigte, die ihn besuchen kamen. Später, wenn sich all die nagellackroten Blüten entfaltet haben werden, wird er jeden, der aufs Grundstück kommt, zu dem kleinen Cyclamenbeet vorm Haus führen, um mit ihm Freude und Bewunderung zu teilen.

Im Windschatten der zu einem Kegel geschnittenen Eibe im Vorgarten zwängen sich jetzt schon die Triebe der Narzissen durch die dünne Schneedecke. Der Scheinhasel, in dem noch die Kerzen der Weihnachtsbeleuchtung hängen, hat buttergelbe Knospen. Auch der Winterjasmin gibt sich Mühe und hat ein paar Blütensterne hervorgebracht. Gegen den hellen Himmel zeichnet sich das Filigran der Bäume ab – Linde, Birke, Lärche, Apfelbaum. »Wer möchte leben ohne den Trost der Bäume« heißt es in einem Gedicht von Günter Eich. Viele Bäume gab es im Garten, die das Kind und die Heranwachsende von Anfang an überragten – in Schönheit und Mächtigkeit.

Linde, Eiche, Birke

In unserem großen Garten gab es viele Bäume; auf einem Morgen Gartenland wuchsen Obstbäume, Laubbäume, Nadelbäume. Ursprünglich Wald und märkische Heide mit Kiefernbestand, blieb eine einzige Kiefer, an der später das Schaukelgerüst festgemacht wurde; die Birken und Linden, die Apfel-, Kirsch und Birnenbäume pflanzte mein Großvater, nachdem er das Grundstück um das Jahr 1920 erworben und gemeinsam mit seinen beiden Söhnen Willi und Hans in den Jahren darauf bebaut hatte. Bis ich auf die Welt kam, hatten die Bäume zwei Jahrzehnte Zeit zum Wachsen. Vom 18. Juni 1939 an wuchsen sie mit mir und ich mit ihnen. Manche stehen heute noch, andere habe ich schon überlebt.

Über den Eingang mit den weißgekalkten Pfeilern wölbte sich eine Linde; eine Roteiche, deren Laub sich im Herbst scharlachrot färbte, stand dicht daneben, zu dicht für zwei so verschiedene Bäume. Sanft und blond der eine, duftend, wenn er in voller Blüte stand, kraftvoll, mit geradem glattem Stamm, hart im Holz der andere. Eiche und Linde – verschieden wie Vater und Mutter. Als die Bäume sich zu sehr in die Quere kamen, fällte mein Vater die Eiche; ich half ihm beim Sägen, schob auch die schweren Abschnitte des Stammes mit der alten Schubkarre den weiten Weg bis hinters Haus; da musste ich beweisen, wie stark ich bin, meinem Vater eine ebenbürtige Hilfe, wollte eher der Eiche, wollte einem Sohn, den er sich immer gewünscht hatte, gleichen. Wollte keine Handschuhe anziehen beim Sägen des Eichbaums, blaurot waren meine Hände und halb erfroren, denn es war spät im Herbst.

Im Sommer auf Bäume klettern. Dass manche Mädchen das nicht konnten, nicht wollten, begriff ich nie. Mit jedem Lebensjahr wuchsen Kraft und die Geschicklichkeit, immer schwierigere Stämme zu erklimmen. Mit den harmlosen Kirschbäumen fing es an, mit einem Apfelbaum, der sich schon so weit unten gabelte, dass man leicht einsteigen konnte. ›Peasgoods Sondergleichen‹ hieß die Sorte, ein seltsamer Name, mit riesengroßen, so schnell faulenden Äpfeln. Auf die Kirschbäume schafften es auch die anderen Mädchen, im Sommer, zur Ernte, zum Naschen, Ingrid und Renate, die Freundinnen von nebenan. Wo sie wohnten, war das Land karg wie die Glatze des Hausherrn, in seinem Garten wuchs nichts außer der zählebigen anspruchslosen Quecke. Dass es am sandigen Gelände lag, wollte keiner von uns zugeben, es konnte nur am Wesen dieses ungeselligen Kahlkopfs liegen. Direkt an der Grenze zu unserem Grundstück fing der etwas bessere Boden an, auf der anderen Seite, in südlicher Richtung, verbesserte er sich noch mehr, da war fast reiner Lehm. Unsere kinderreichen Nachbarn auf der rechten Seite hatten es schwer mit dem Lehmboden, er beugte sich keiner kultivierenden Gartenarbeit. Dass hier wenig kultiviert wurde, hatte aber auch noch andere Gründe. Davon vielleicht später.

Bei den schwierigen Bäumen half mir manchmal ein Gartenstuhl für den ersten Einstieg, eine Leiter aber nie. War es Stolz? Ehrgeiz? Wohl kaum. Die großen Leitern aus Holz waren einfach zu schwer für ein kleines Mädchen. Noch vor der Zeit, als die Eiche an der Auffahrt gefällt wurde, spornte mich etwas an, das ich nicht benennen konnte. Ich setzte es mir zum Ziel, die Trauerbirke neben dem Haus zu erobern. Ohne Leiter. Ihr kräftiger Stamm wuchs gerade in die Höhe, und nur mit einem mutigen Sprung konnte man den einzigen, sich oben waagerecht abzweigenden Ast erreichen. Ich packte ihn mit beiden Händen, umschlang ihn mit den Beinen und zog mich hoch. Von der direkt aus dem Stamm kommenden dünnästigen Krone und diesem einen Ast ergoss sich die grüne Blätterkaskade bis auf den Boden, im Frühjahr eine zarte Laube, Birkenreiser für alle Ostersträuße meines Lebens, im Sommer ein schattiges Zelt. Den Boden hatten die tief herabhängenden Ruten kahlgefegt, rundherum Wiese, doch da wuchs kein Halm. Man fiel hart, wenn man den Halt verlor.

Ich kann mich nicht erinnern, jemals von einem Baum gefallen zu sein, wie oft aber war ich die Treppe in unserem Haus hinuntergestürzt. Als ich zum ersten Mal, mich mit einem Sprung an den geraden Ast der Trauerbirke hängend, den seidig weißen Stamm mit den dunklen Schrunden zwischen die Beine nahm, Risse auf der Haut nicht scheuend, mich hochzog und unter Aufbietung aller Kräfte das Körpergewicht mit einem Schwung auf die Stelle brachte, wo der Ast sich aus dem Mutterstamm abzweigte, als ich zum ersten Mal da oben hockte, überkam mich ein Hochgefühl wie einen Bergsteiger am Ende einer kräftezehrenden Tour. Die grüne Gischt meiner Birke verbarg mich vor den Blicken der Erwachsenen, die die junge Gipfelstürmerin nie bemerkten, sie hätten ohnehin die Gefährlichkeit meiner Kletterkünste nur mit Warnungen bedacht. Auf der Plattform der Trauerbirke zu sitzen, war nicht gerade bequem, aber ich war es zufrieden, konnte auch in ein Amselnest blicken, und der Vogel, der sich an mein stilles Hocken gewöhnte, saß auf den Eiern und sah mich mit schiefem Vogelblick an. Als ich die Technik des Kletterns besser beherrschte, nahm ich manchmal ein Buch mit hinauf. Langer Romane verfliegende Stunden.

Ich habe den Baum bezwungen; die Birke, den Birk, den männlichen Baum, dem die Trauer seiner Zweige nicht anstand, geliebt habe ich ihn nicht. Ich war zwölf, oder vierzehn. Da liebte ich die Linden, die Bäume der Sehnsucht. Ihnen wohnte die größere Traurigkeit inne.

Auf dem Hof hinterm Haus stand ein Lindenbaum mit hohem geradem Stamm. Er konnte dem alltäglichen Leben unter freiem Himmel, dem Entsaften der Johannisbeeren, dem Sauerkrautreiben, dem Hämmern und Klopfen, dem Pusseln und Werkeln die Frische des Landlebens geben, und er sollte nicht allzu viel Schatten werfen. Darum wurden die unteren Äste abgesägt, so dass sich erst in der Höhe von Küchen- und Schlafzimmerfenster im ersten Stock eine dichte Krone bildete, die bis zum Mansardenfenster hinaufgrünte. Weiches, saftiges Grün, das in meiner Erinnerung keinen Herbst hat, keinen Winter, immer nur das Grün und jeden Sommer den Duft der zarten Blüten. Im Sommer sah man kaum noch etwas von den hellroten Ziegeln des wie eine Mütze übers Haus gezogenen Dachs. Im Sommer lag das Kind nach dem Zubettgehen bei offenem Fenster, die Läden angelehnt, frische Luft zog durch die Räume, der Duft der Lindenblüten durchströmte das Zimmer, ich hatte im Ehebett neben der Mutter meinen Platz, und bis in die späte Dämmerung währte das Summen der Bienen. Unten auf der Terrasse saßen auf der weiß gestrichenen Holzbank Opa und Oma – später nahm Tante Emma die Stelle der Großmutter ein –, zu den Alten gesellte sich oft auch Karola, meine Mutter, und sie sprachen leise, beruhigend, einschläfernd, erzählten von früher, redeten über Ereignisse des Tags. Dämmerstündchen nannte man die Zeit des Abschieds vom Tage; das Licht verschwand langsam und unmerklich, Spannungen lösten sich, manchmal erschien ein weißer großäugiger Mond. Die Stimmen der Erwachsenen waren wie die Wellen im Meer, sie erhoben sich, schwollen ab, doch nie gab es heftige Brandung, nie Sturm an den Sommerabenden. Großmutter Auguste, Gustchen, Großvater Otto, an dessen kargem Vornamen das »chen«-Schwänzchen meiner Sippe väterlicherseits nicht gut haftete, und Tante Emmchen schwuddelten im weichen Duktus ihrer ostpreußischen Heimat; die Sprache meiner Mutter war Hochdeutsch, obwohl sie Salzburgerin war. Sie hatte ihre Heimat abgelegt. Karoline, Karola – an ihrem Namen hing auch kein Zärtlichkeitsschwänzchen.

Da singe ich mich in den Schlaf, von vielstimmigem Gesumm und Gebrumm begleitet, und in den Duft der Lindenblüten mischt sich manchmal der Geruch von Großvaters Zigarre.

26. JANUAR

Zwischen acht und neun am Frühstückstisch. Wieder hat es geschneit, ich beschreibe den Blick durchs Fenster auf den Garten: *Nature Writing*.

Immer dasselbe und doch bei jedem Wetter, jeder Jahreszeit, jedem Licht wieder neu. Die stammlose Linde, die jährlich zweimal zurückgeschnitten wird, in ihrer klaren Struktur einer Kugel, die Mitte verzweigt, die Äste kurz und stabil. Dahinter die Astfäden der Trauerbirke, biegsam auch im Winter, doch die ausladenden, in alle Richtungen, nur nicht nach oben wachsenden Äste, die jetzt durch den nächtlichen Schneefall doppelt gezeichnet sind, schwarz und weiß, krümmen und verbiegen sich über der Mitte, dem gefurchten, gar nicht mehr birkenzartweißen, eher abweisenden grauschrundigen Stamm; wie gut passt der volkstümliche Name Gespensterbirke. Ein zartes Bäumchen, als meine Eltern es pflanzten. Wir lange noch? Immer liegt Totholz am Boden, und einen Pilzbefall hat der Baumgärtner schon vor Jahren entdeckt. Die sorglose Kaffeetafel, unter der Birke findet sie nicht mehr statt.

Hinter der Birke ragt die Lärche in den Winterhimmel, mit ihren ebenfalls siebzig, achtzig Jahren nicht unbedingt geliebt, aber geachtet wie ein bejahrter Zeitzeuge, der nun einmal dazugehört. Immer noch zeigt sie die Tannenbaumsymmetrie von Stamm und Ästen, doch auf der rechten Seite ist sie ein wenig aus der Symmetrie gefallen, denn es gab einmal einen Schwesterbaum, der ihr dicht zur Seite stand, man arrangierte sich. Dass die zweite Lärche gefällt wurde, war nötig, und das ist nun schon einige Jahrzehnte her, aber noch immer sieht man am Stamm der Verbliebenen die Astlücke. Aus dem Holz der gefallenen Schwester zimmerte der Tischler unser Doppelbett. Lärchenholz ist ein stabiles Holz. Dass der Baum kein sicherer Kletterbaum ist, lernte ich schon als Kind.

Von *Nature Writing* – ein Begriff, der sich schlecht übersetzen lässt – hört man jetzt allenthalben. Es scheint eine Form des Zurück-zur-Natur zu sein, beschrieben als nicht-fiktionale Naturdarstellung, ein literarisches Genre, das sich von rein wissenschaftlichen Methoden der Naturdarstellung unterscheidet und auf ältere literarische Traditionen zurückgreift. Wie gern las ich in Adalbert Stifters *Bergkristall* die bis ins Detail genaue Beschreibung der Winterlandschaft. Der die Natur abschreibende, der beobachtende und empfindende Mensch tritt als erzählendes Subjekt auf, vielfach heute mit ökologischer Sichtweise, nach der jedem Lebewesen, wie unscheinbar auch immer, seine besondere Bedeutung innerhalb eines größeren Ganzen zukommt. Wie groß war der Erfolg von Peter Wohllebens Buch über den Wald, das bei mir immer noch auf dem Stapel ungelesener Bücher liegt. Ein Sachbuch, der Erfolg beruhte auf der Sehnsucht vieler Menschen nach einer noch nicht vergewaltigten Natur. Ich habe mir auch Ulrike Draesners *Mein Hiddensee* gekauft und quäle mich ein wenig durch ihre Naturbeschreibungen, bisher weiß ich nicht, warum.

Ein Wort noch zur Korkenzieherweide, die sich etwas weiter links von meinem Fensterblick in den Morgenhimmel ringelt, ein Osterstrauß, der Wurzeln schlug. Jetzt ist der dicht verzweigte Baum schon halb so hoch wie die Serbische Fichte, deren dunkles Grün ein passender Hintergrund für die gelbbraunen Korkenzieheräste ist. Auf drei stabilen Beinen steht vorm Fenster das Vogelhaus, der Futterplatz ein Pavillon für Meisen, Buchfink, Rotkehlchen, Kirschkernbeißer, Amseln, Elstern und leider auch die gefräßigen Eichelhäher.

Wenn es an diesem Morgen grau und nasskalt wäre, wenn es nicht geschneit hätte, wenn ich schlecht geschlafen hätte, wenn die Stimmung gedämpft bis trübe wär', würde ich nichts als verzotteltes Geäst sehen, ein unentwirrbares Durcheinander. Wie das Leben. Wie das Alter. Da lohnte es nicht, viele Worte zu machen.

Doch es geht mir gut an diesem Wintertag.

Eine Stunde später kommt Nebel auf und überzieht die Konturen mit Dunst, das harte Schwarzweiß ist weichgezeichnet. Ich höre im Radio einen Bericht über die englische Fotografin Margaret Cameron, die im 19. Jahrhundert in ihrer Porträtfotografie die Unschärfe entdeckt und zu ihrem künstlerischen Markenzeichen gemacht hat.

Ich fege Schnee und habe großes Vergnügen daran, auch wenn jetzt Regen angesagt ist und Tauwetter droht. »Fegen« ist nicht korrekt, ich schiebe die weiße Pracht mit einem leichten Plastikgerät zu schneeweißen Haufen zusammen, mit einem Besen ginge das nicht, da mischte sich Erde oder Laub darunter. Ich mag es, wenn vor mir noch keiner den Schnee betrat, doch dazu ist es heute zu spät, unter dem Tritt der Hundeführer ist er schon fest, ebenso unter der Fahrspur des Zeitungsboten, der die Zeitung durchs Autofenster direkt in den Kasten wirft. Auch die Fahrradspur des Enkels, der in der Nacht nach Hause kam, ist festgefahren. Wer macht jetzt eine Schneeballschlacht, wer baut einen Schneemann mit Mohrrübennase?

27. JANUAR

Die gelben Winterlinge fangen an zu blühen, und es sieht aus, als zögen die Strahlen der Sonne sie direkt aus der Erde ans Licht. Ich bringe Küchenabfälle zum Komposthaufen, schaue hier und da, sehe viel Unerledigtes, und kann es ertragen. Die violetten Fäden am Bluthasel, Blütenstände, die bald ihren Staub in die Luft geben werden, kommen zu früh, viel zu früh für die Allergiker. Ich überlege, ob ich ein Foto mache – die Kätzchenschnüre vorm dunkelroten Hühnerhaus, der blaue Himmel. Ich lasse es, es gibt schon zu viele Bilder. In den Bambusbüscheln glitzern Wassertropfen.

Warum aber schreibe ich alles auf?

Ich will es teilen; mitteilen in einer Sprache, in Wörtern, die den Dingen nahekommen. Genau, aber nicht banal, einfach, aber nicht eins zu eins. Wie geht es beim *Nature Writing,* wo sind die Grenzen der Genauigkeit, wann wird der Mitteilungsdrang zur Detailversessenheit? Einmal besuchte uns ein Mann, der unseren Garten kennenlernen wollte. Kaum kam eine Blume, ein Strauch, ein Baum in sein Blickfeld, zog er sein Smartphone heraus, zeigte mir, was er in seinem Garten Ähnliches besaß, zeigte und zeigte, wir blieben stehen, verharrten und ich betrachtete seine Gartenbilder. Ich habe die Sache dann ziemlich rasch beendet. Zu viel Abklatsch, zu viel eins zu eins. Hätte er mir die Dinge beschrieben, ausgeschmückt … Ich wäre vielleicht neidisch, aber nicht gelangweilt gewesen. Natur erleben oder sie nur zur Kenntnis nehmen …

In ihrem Hiddenseebuch versucht Ulrike Draesner immer wieder, sich von der konventionellen Sprache zu lösen, wenn sie das Meer, den Wind, die Insel beschreibt. Ihre Sprache wird sperrig und ungezügelt, überflutet mich und nimmt mir die Luft. Ich sehe nichts, weder Meer, noch Insel, noch Wind, gleite nicht mühelos durch den Text, bin eher angestrengt, hechle der Autorin hinterher. Die Pflanzennamen bleiben Vokabular. Das ist, warum ich von der Mühe des Lesens sprach. Aber wenn die Protagonistin mit »dem Kind« über Sprache, über die Sonne und den Mond spricht, wenn sie die Zeit mit dem »Damals-noch-Mann« beschreibt, berührt es mich. Die Dämmerung, der Wald, die Vogelrufe, das in der letzten Sonne glänzende Meer. »Hier im Wald, mit Blick auf den Turm, haben … sie sich ein Kind versprochen.« Da will man hören, wie es war, will weiterlesen. Will dabei sein. Und beim Weiterlesen tauche ich ein in die Natur und finde die Insel, die ich gut kenne, und kann der »Bildmacherin« endlich folgen.

Es lohnt aber auch, über die Nichterfüllung von Spracherwartungen nachzudenken. Topoi oder Klischees sind nicht unbedingt das, was den Leser beglückt.

3. Februar

Dicht an dicht besetzt mit Dornen, gefährlich wie Piranhas, wie Haifischzähne – kann ich da unbeschadet die Rasenkante und den bodendeckenden Unterwuchs im Karree bearbeiten? Jetzt am Morgen ist jeder Dorn der alten Rose so kunstvoll mit Raureif nachgezeichnet, dass es mich seine Gefährlichkeit vergessen lässt. Die Rasenkante kann bleiben, nur die Samen werde ich von den Gräsern rupfen, damit sich im Rosenbeet nicht zu viel Wiese breitmacht. Der Boden ist hier mit der Scheinerdbeere bedeckt, grüne Blätter auch im Winter und im Sommer rote Fruchtkugeln, leider nicht essbar, auf geraden Stielen. Jetzt also Schutz gegen den Frost. Wenn ich mir aber die Mühe mache, die Erdbeerpflanzen zu reduzieren, werden die Samen von Mohn, Nigella und Dill auflaufen und das Rosenbeet mit Sommerflor schmücken. Nigella, die »Jungfer im Grünen«. Den Rosen Winterschutz zu geben, haben wir in diesem Jahr versäumt, und nun denkt man schon an den Frühling, Herr Winter geh' hinter.

Strahlender Sonnenschein. Drinnen sieht man den Staub auf den Möbeln und auf der chinesischen Truhe, die Fenster sind schlecht und laienhaft von mir geputzt. Der Fensterputzer hat sich schon gemeldet.

4. FEBRUAR

Schön. Und: gut. Wörter, die klar sind und angenehm schmecken wie in der Schale gekochte Kartoffeln.

Wie kam ich zum Schreiben?

Es begann mit Schreiben und Malen zugleich. Gedichte und brave Blumenbilder, abgeschrieben, abgemalt, zu den Geburtstagen der Eltern. Liebesbeweise zu produzieren, beauftragte man mich. Vaters Geburtstag, Muttertag, Weihnachten. Der lieben Mutti. Dem lieben Papa.

Papa war ein Geschichtenerzähler. Rübezahl und der Hexenmeister im Salzburger Hexenturm. Gockel, Hinkel und Gackeleia, der geizige Kaufmann im Pfeffersack – ein Amalgam, oder besser ein Lebkuchenteig aus Erfindung und Tradition. Immer wieder auch Abenteuer aus Vaters Kindheit, später dann aus dem Krieg. Kriegsgeschichten, die Schrecken, Vernichtung und Tod aussparten. Er schwelgte im Erzählen, zuhören konnte er nicht. Seine Briefe waren seltsam kurz; eher mager die Sprache, wenn er schrieb, was jedoch selten geschah.

Als Schulkind begann ich, dem Vater Erlebnisbriefe zu schreiben, denn seit dem Kriegsende lebte er in Hamburg, kam aber ab und zu nach Kleinmachnow zu Besuch. War er wieder abgereist, schrieb ich ihm kleine Geschichten. Von der Schule, vom Garten, der Natur, einmal eine Naturbeschreibung von einer Reise auf den Darß: Standhafer, Heckenrosen, Wacholder und eine Sehnsucht. Eine Antwort kam nie. Aus den Erzählbriefen wurden karge Pflichtbriefe. Ich wurde kleinlaut und war bescheiden, bis meine Deutschlehrerin und später das Studium mir halfen, mich aus dem Schweigen zu schälen. Immer aber gab es das Schreiben ins Tagebuch, in selbst erfundener Geheimschrift zuerst, dann, weil die Berichte ausführlicher wurden, in normaler Schreibschrift, klein, sauber, in alten Heften oder Kalendern. Das Festhalten, die Transformation von Erlebtem in Sprache wurde zum modus vivendi.

Als ich 1961 die DDR verlassen hatte und mein zweites Leben in Westberlin begann, vernichtete meine Mutter, die in Kleinmachnow geblieben war, meine persönlichen Dinge. Nach offizieller Lesart hatte ich die DDR »illegal« verlassen. Pflichtbriefe gingen dann auch an die Mutter im Osten. Briefe an den Vater in Hamburg gab es kaum noch, das Telefon ersetzte sie. Lange ›Gespräche‹: Vater erzählte, ich schwieg.

Und ich besuchte ihn, zuerst allein, dann mit Verlobtem, mit Mann, mit den Kindern. Vater erzählte, die Kinder lauschten gebannt. Die Mischung aus Zuneigung, Ärger und Ohnmacht, die mich oft quälte, bringt mich zu der Geschichte von der Leiter, die zugleich eine Kriegsgeschichte aus Russland ist.

Der Sturz von der Leiter

Ich spreche mit ihm nicht übers Sterben. Ich spreche übers Altsein, über Behinderungen, Abhängigkeit. Wir sitzen auf seiner Terrasse in der Sonne. Du bist vor kurzem von der Leiter gefallen, sage ich. Mein Vater sieht mich an. Ein Funken erscheint in seinen Augen. Er will etwas einwerfen, aber ich lasse ihn nicht zu Wort kommen.

Du bist von der Leiter gestürzt; nicht, weil dich plötzlich ein Schwindel oder eine Schwäche überkam, sondern weil du die Leiter schlecht aufgestellt hattest. Sie stand zu dicht an einer Kante, sie rutschte ab, du kamst ins Schwanken, konntest dich nirgends festhalten.

Jetzt unterbricht er mich, um die Geschichte selbst zu erzählen. Er wollte etwas am Dach seines Schuppens in Ordnung bringen. Die Regenrinne war kaputt. Klar, er habe es bemerkt, seine eigene Schuld, seine Dummheit, die Leiter so dicht an eine hinabführende Stufe zu stellen, aber das sei ihm erst im Augenblick des Fallens durch den Kopf geschossen, da war es zu spät, und er sei dann halt nicht auf den Rasen gefallen, sondern aufs Steinpodest.

Der alte Mann berichtet, wie er sich gerappelt, die Gelenke, die Knochen abgetastet habe, gebrochen war wohl nichts. Blut sei ihm von der Schläfe heruntergelaufen, viel Blut. Da kam dann eine Nachbarin angerannt, fährt er fort, muss wohl das Gepolter gehört haben. Die sieht mich, sieht das Blut und schreit los.

In seinen Augen blitzt dieser leise Triumph, den ich so gut an ihm kenne.

Die dumme Trine, die schrie bloß, die zitterte richtig. Tat nichts, jammerte nur, bis er sie anfuhr: So hör' doch auf, hör' auf mit dem Geschrei. Wer ist denn von der Leiter gefallen, du doch nicht, außerdem ist ja nichts passiert. Ich lebe noch.

Er habe sich das Blut mit einem Stofffetzen abgewischt, dann sei er zu seinem Haus gehumpelt, nachdem er das Angebot, einen Arzt zu rufen, von sich gewiesen hatte. Ging rein, machte die Kaffeemaschine an. Noch wackelig in den Knien setzte er sich in seinen Sessel. Er habe einfach dagesessen und nach draußen geschaut. Glücklich sei er gewesen in diesem Moment seiner Wiedergeburt, zufrieden und stolz. Das soll ihm keiner ausreden. Wieder mal davongekommen, wie oft habe er das erlebt.

Wir sitzen auf der Terrasse. Ich habe die Beine hochgelegt. Ein Windzug geht durch die Bambusstaude. Eine Katze streicht um meinen Stuhl.

Stell dir vor, du hättest dir was gebrochen, sage ich nachdenklich.

Er sieht mich ungläubig an.

Ja, stell dir doch bitte mal vor, du brichst dir bei so einer Gelegenheit den Oberschenkel. Du weißt, was das bedeutet mit beinahe neunzig Jahren. Du kannst nicht mehr laufen, sitzt im Rollstuhl, gehst mühsam an Krücken, jeder Schritt tut dir weh. Ich in Berlin, du hier auf dem Land.

Der alte Mann ist mit seinen Gedanken längst woanders. Unangenehme Dinge wehrt er ab, indem er nicht hinhört. Und jetzt fängt er an, eine Geschichte aus Russland zu erzählen, ich kann ihn nicht bremsen. Die Regenrinne ... eine Schüssel aus Blech ... Ein Kind wird geboren ... Russland im Winter ...

Während er erzählt, hänge ich an der quälenden Vorstellung, dass der jetzt noch so vitale Greis durch Leichtsinn oder mangelnde Umsicht zu einem Invaliden werden könnte. Wie soll man ihn betreuen, ihn pflegen. Der schwere Körper. Sein Widerstreben. Er tut doch so, als gäbe es für ihn nur eines, entweder sofort sterben oder heil aus einer Sache herauskommen.

Wie im Krieg.

Indessen erzählt mein Vater, wie in einer russischen Bauernkate eine junge Frau oben auf dem ausladenden Kachelofen ihr Kind zur Welt bringt, während in derselben Stube die Landser Wasser heiß gemacht haben, um sich in einer großen Schüssel die Füße zu baden. Sie rauchen, sind laut, reden belangloses Zeug. Wissen nichts von der Gebärenden auf dem Ofen. Plätschern mit den Füßen in der Zinkwanne. Dann der Schrei des Neugeborenen, und eine grauhaarige Alte bittet die Soldaten, ihnen die Schüssel zurückzugeben. Sie kippt das Fußwasser in den Hof, gießt Wasser hinein für das Kind ...

Vater, unterbreche ich seinen Erzählfluss, ich kenne die Geschichte, hab sie schon oft genug gehört. Er beachtet meinen Einwurf nicht, hat nur seine Bilder von früher im Kopf, ist versunken in seiner Vergangenheit.

Stell dir vor, sagt er, und zwischen seinen Augenbrauen bildet sich eine steile Falte. Stell dir das vor: Wir nehmen ihnen ihre Waschschüssel weg, weil wir Lust auf ein Fußbad haben. Und nachher baden sie das Kind, und die junge Mutter wäscht sich in derselben Schüssel, in der wir Landser unsere dreckigen Füße hatten. Und am Ende hält die Alte das quäkende Bündel hoch, sie lacht und reicht es herum. Und jeder nimmt es, jeder der Reihe nach ...

Das sind die Kriegsgeschichten meines Vaters.

Nachwuchs für die Toten des Krieges, denke ich. Vater, ist das der Krieg? Dein Krieg?

Was für eine Freude, sagt der alte Mann.

Ich verdränge die Gedanken an meinen Krieg, halte auch die Sätze über die Zukunft des alt gewordenen Vaters zurück. Ich höre ihm zu, sehe ihm zu beim Erzählen. Meine leise Bewunderung. Er scheint sie zu spüren, zu brauchen. Ich spüre, wie hilflos ich bin.

Ich reise ab.

Das Schreiben, schreibt Herta Müller, hat nicht im Reden, sondern im Schweigen seinen Beginn. Wer, wie Herta Müller in Rumänien, in einer Diktatur lebte, wurde vorsichtig und selbstkontrolliert, auch was das Schreiben betrifft. Wer schweigen kann, hat das meist schon als Kind gelernt. Aus dem Schweigen entstanden Wörter und Sätze. Auch mein Briefeschreiben zwischen Ost und West, zwischen Kleinmachnow und Hamburg, unterlag in den Zeiten des Kalten Krieges der Kontrolle. Man sah es an den schlecht zugeklebten Kuverts.

Keine Antwort vom Vater, dem Erzähler, zu bekommen, hieß für mich, es lag an mir, hieß, du musst es besser machen, besser und immer besser, bis es doch einen Menschen berührt oder wenigstens interessiert, und wenn es ein Unbekannter ist. So kam ich zum Schreiben aus dem Schweigen.

11. Februar

Es gibt Tage, an denen nichts so ist, wie es sein sollte. Die Schreibunterlage zu weich, der Stift gibt zu wenig Farbe ab, was soll das alles, wozu das Schreiben, die Verpflichtung gegenüber dem Kalender, dem Tagebuch. Wenn die Schreibpause zu lang wird, das weiß ich, ist das ganze Unternehmen gescheitert. Gescheitert, gestorben, dahin, perdu.

Und wenn? Ist das Schreiben nicht sowieso nur ein Sich-am-eigenen-Schopf-aus-dem-Sumpf-Ziehen?

Der Himmel fahl, alles nass vom Regen, Pfützen auf der Straße vorm Haus. Das Ästegewirr von Linde, Birke, Lärche trostlos vorm farblosen Himmel, verwirrend nur, sonst nichts.

Was ist passiert? Ich weiß es nicht.

Aus dem Schlaf, der fest, aber nicht erquickend war, erwache ich am Morgen mit einem Gefühl der Leere. Einer farblosen Leere, der nichts abzugewinnen ist. Was habe ich geträumt? Ich weiß es nicht.

Bilder steigen auf, lass' sie kommen …

Ein trauriges Gesicht von einem, der Trost spenden sollte; eine Frau, der jemand den Arm um die Schulter legt, so schwer zu trösten, der Verlust ist zu groß; ein Stein auf der Straße, ein Stolperstein. Im Haus, auf der Heizung, stehen Bücher zum Trocknen, die Seiten verklebt, fleckig, und alles gewellt, denn es gab einen Wasserschaden im Keller. Nun taugen die kostbaren Bildbände nur noch für die Tonne. Das Mittagessen, Nudeln, schmeckt nach nichts. Keiner weiß, was mir das Schreiben bedeutet, ich weiß es selber nicht. Ich zitiere bei der Verabschiedung von einer Freundin Günter Eich: »Wer möchte leben ohne den Trost der Bäume«, und sie, die Baumfreundin, sagt zu meinem Mann: Du hast eine tolle Frau. Aber das Gedicht endet mit dem Tod, mit der Münze unter der Zunge, das weiß sie nicht.

Nun, nachdem ich die Mühen dieses Morgens aufgeschrieben habe, fängt es wieder an zu regnen. Und ich wollte doch Einkaufen fahren, ein Buch bestellen, blauen Lidschatten und eine Fusselrolle kaufen, das hätte alles wieder gut gemacht.

Alles gut, ich war unterwegs.

»Ein Zug unverdünnter Morgenluft«, das sei sein Allheilmittel, schreibt Henry David Thoreau in *Walden, Ein Leben mit der Natur*. Ein Atemzug. Viele Atemzüge: Ich war mit dem Fahrrad unterwegs, fuhr bei Nässe und heftigem Wind zum Rathausmarkt, und am Ende schien sogar die Sonne. Ich habe einen Foto-Bildband bestellt, auf den ich mich freue. Hab' unterwegs im Jägerhorn in einem Wintergarten die *Crassula*, den ›Pfennigbaum‹, bewundert, bin extra vom Fahrrad gestiegen dafür: rundum saftig grün und mit weißem Blütenflor besetzt. Jedes Jahr warte ich auf die Blüte dieser Pflanze in einem fremden Wintergarten. Und sage jetzt zu meiner eigenen, so mickrigen *Crassula*, du bist mager in die Höhe geschossen, wirfst pausenlos Blätter und ganze Blattbüschel ab, obwohl ich dich gieße und dünge, und bist doch schön in deiner bizarren Größe. Hast so lange bei mir ausgehalten. Aus einem Ableger gezogen, vor zwanzig, vielleicht dreißig Jahren; die Freunde, von denen ich ein fingerlanges unbewurzeltes Stück bekam, sind lange gestorben. Und knipse ihr die Pflanzenlampe an, künstliches Licht, ach je.

12. FEBRUAR

Framing. Ein neues Wort für einen alten Hut. Ein Rahmen.

Wenn ich am Morgen mit dem Warmduschen fertig bin, erstelle ich, bevor ich mich der kalten Dusche aussetze, einen »Frame«. Das kalte Wasser ist sehr kalt hier draußen, zumal im Winter. Mit einem kalten, triefenden Lappen fahre ich mir übers Gesicht und sage dabei: Mont Blanc, hallo du mächtiger Berg. Ich sehe den Berg, den Schnee, das Eis, manchmal auch nur das Matterhorn, und die Kälte ist prickelnd wie ein Wintertag im Gebirge. Kein Erschrecken, keine Gänsehaut, die eisige Dusche ist ein reines Vergnügen. Würde ich beim Duschen nicht an den Mont Blanc, sondern an, sagen wir, den amerikanischen Präsidenten oder das Berkeley International Framing Institute denken, spürte ich nichts als die Kälte aus der Wasserleitung.

Nun hat meine jahrelange Gewohnheit, der kleine Morgentrick der Selbstüberwindung, endlich einen Namen: Framing. Ein Gedanke, eine Idee, ein Parteiprogramm wird in einen Rahmen gesetzt und mitsamt diesem Rahmen immer wieder vorgeführt. Das Gehirn spielt mit. In einem kurzen Artikel über die neuen »moralisch-strategischen« Ziele der ARD, heute im Tagesspiegel, taucht der Begriff elfmal auf – nun weiß hoffentlich jeder, was Framing ist.

Im Grunde eine Art Gehirnwäsche.

13. FEBRUAR

Ein vergoldeter Bilderrahmen und ein dummer Witz meines lange verstorbenen Vaters, der, wie ich, weil er Witze schnell vergaß, ein geringes Repertoire davon hatte. Eine Dame hat einen Diener und einen Hund. Der Hund heißt Sowas. Immer muss man den Hund suchen, nach ihm rufen. Einmal, die Dame noch unbekleidet in ihrem Boudoir, ruft sie wieder nach dem Hund, aber es erscheint stattdessen der Diener, und die überraschte Nackte hält sich ein Ölgemälde vor ihre Blöße, hat aber vergessen, dass sie nur den Rahmen hält, denn das Bild wird gerade restauriert. ›Haben Sie Sowas gesehen?‹, fragt die Dame, ja, antwortet der Bedienstete, aber noch nicht im Rahmen.

Sowas erzählte man in der besseren Hamburger Gesellschaft, wenn sich die Herren nach dem Essen ins Raucherzimmer zurückzogen, über sechzig Jahre ist es her, und ich kann den blöden Witz bis heute nicht vergessen.

Was ich aber einmal tun möchte: Durch einen schnörkeligen Goldrahmen Gartenmotive fotografieren, zurzeit wären es Hamamelis und Winterlinge; auch die Cyclamen, die jetzt reichlich blühen, gewönnen an Wirkung und Bedeutung. Oder die Ansammlung zinkgrauer Gießkannen auf dem alten Gartentisch beim Hühnerstall. Ein Stapel Brennholz. Die bizarren Blütenstände der Duftnessel vom vorigen Jahr. Die ersten Wildkrokusse. Noch fehlt mir aber der Rahmen.

16. FEBRUAR

Freu' ich mich, oder überwiegt die Sorge?

Es ist so frühlingshaft, die Seele, der ganze Mensch streckt sich der Sonne entgegen. Der Specht trommelt wie verrückt und hat sich statt der alten Eiche im Garten gegenüber den Lampenkopf der Straßenlaterne erwählt für sein Liebesgepolter, trrrr, hell und viel lauter als jedes Baumgeklopfe. Über die Wiese gaukelt ein zitronengelber Schmetterling und macht seinem Namen Ehre.

Und das stimmt mich nachdenklich. Wo blieben all die Schmetterlinge? Was zurzeit als Bienensterben die Menschen bewegt, betrifft ja viel mehr die große Zahl der Insekten, die es schon nicht mehr gibt. Den Honigbienen, so die Imker, gehe es relativ gut. Wie es dem Honig geht, wenn den Bienen riesige Rapsfelder und andere Monokulturen, gedüngt und gespritzt, angeboten werden, ist eine andere Frage. Die Vielzahl der Falter, Wildbienen, Käfer, Libellen, Ameisen, die große Schar der Fluginsekten ist verschwunden, weil die Vielfalt der Kräuter geschwunden ist, die Feldraine sind weg, das ›Straßenbegleitgrün‹ gibt wenig her. Die Böden versiegelt durch Hausbau, Sonnenterrassen, Autoabstellplätze; Kirschlorbeerhecken und perfektes Rasengrün ersetzen Wiese und naturnahe Hecken aus heimischen Gehölzen. Da kann man ja beinahe so gemein sein, sich zu freuen, wenn die Wildschweine dem makellosen Rasen den Garaus machen. Die Mode der neuen Steingärten, die Steinwüsten aus Schotter, Kies und Beton sind, breitet sich aus, eine Verhunzung der Natur. Als »Gärten des Grauens« findet man sie im Internet.

Ich bin dem NABU beigetreten und bekam eine Liste »insektenbestäubungsabhängiger Agrarrohstoffe«. Kürbis, Kümmel, Minze und Raps, Sonnenblumen, Gurke und Möhre, Erdbeere, Apfel, Birne, Aprikose, alle brauchen Insekten als Bestäuber. Auch Baumwolle und Kaffee. Nur Getreide und Mais werden vom Wind bestäubt. So muss ich wenigstens beim Morgenmüsli nicht ans Artensterben denken.

Es ist nicht alles verloren bisher. Wenn auf unserer Terrasse der Wein blüht und etwas später der wilde Wein sich die Regenrinne hochrankt, summt der halbe Garten von Tausenden Bienen. Blühstreifen und Wildwuchs gibt es jetzt mehr in den Städten als auf dem Land, zunehmend auch in privaten Gärten. In den Schrebergärten schätzt man eine gewisse Vernachlässigung, weil das der Pflanzendiversität dient. Also komme ich auf das Prinzip Faulheit zurück.

Also freu' ich mich über den Zitronenfalter im Februar. Und bedenke gleichzeitig, dass es zu früh ist, dass es keinen rechten Herrn Winter gab, vielmehr ein etwas dreistes Fräulein Vor-Frühling, kaum Schnee und zu wenig Regen. Die Sorge, es könnte wieder ein so langer, heißer, regenarmer Sommer werden, und ich den Sonnenanbetern eine Spielverderberin, wenn ich um Regen jammere, trübt die schmetterlingsgelben Frühlingsgefühle. Im Garten sieht man jetzt die Schäden vom viel zu trockenen Vorjahr; die Fichten sehen erbärmlich aus, überall tote Äste, ein Pelz aus Nadelstreu am Boden. Die junge Serbische Fichte, *Picea omorica,* die wir nach den Sturmschäden von ›Kyrill‹ pflanzten, stirbt vor sich hin. Lamettafichte nennen die Forstleute den langsam vertrocknenden Baum mit den wie Lametta hängenden dürftigen Ästchen. Alle paar Tage muss ich die Nadeln von der Auffahrt fegen.

Über die Wiese flattert immer noch der gelbe Falter, ein Stück aus der Sonne gebrochenes Licht.

27. FEBRUAR

Je mehr ich lese, je mehr kluge Gedanken anderer ich sammle, um sie im Tagebuch festzuhalten, je öfter ich ins Internet gehe, um, wie ich meine, wichtige Dinge zu ergoogeln, desto schwerer fällt mir das Schreiben. Immer schiebt sich anderes vor die eigenen Gedanken, immer auch das Gefühl, alle können's besser, sind klüger, selbstgewiss und welterfahren.

Aber das Lesen ist ja auch eine gute Sache. Eine Wohltat ist Henry David Thoreaus Buch *Walden,* wenn er über sein Leben in größter Einfachheit in der Natur, mit der Natur, am Walden-See im Nordosten der USA berichtet. Der See, der seitenlang beschrieben wird, ohne dass es mich ermüdet, hat »im Himmel ein Patent angemeldet auf seine Einzigartigkeit.« Oder Diana Athill, die erst nach langer Berufstätigkeit als Lektorin und Verlegerin anfing, selbst zu schreiben: übers Alter und *Irgendwo ein Ende.* Oder Tschechows *Steppe* und die Kleinmachnower *Stoffgeschichten,* aus denen Himmelsleitern geworden sind.

Dann habe ich, weil ich nicht schreiben mochte, im Garten gearbeitet; es ist schon frühlingsmild, da muss man raus. Die dürren Stiele der Persicarie abgeschnitten, damit das neue weiß-grün-rote Laub dieser Knöterich-Verwandten sprießen kann; die Sorte heißt *Painter's Palette,* eine anspruchslose und trotzdem attraktive Staude, die sich großzügig aussät und vermehrt. Habe das Herbstlaub weggenommen, wo Allium, Tulpen, Lilien und unter der Kletterhortensie der Bärlauch herauskommen wollen. Habe *Calamagrostis,* das Ziergras, zurückgeschnitten, an der Basis grünt es bereits. Trotz der Vorsätze die Untätigkeit betreffend, bringe ich es nicht fertig, alles zu belassen, damit Blätter verrotten, Würmer und Insekten krabbeln und Vögel scharren können. Wo Pflanzen wachsen, die einem lieb und teuer sind, muss man ein wenig hegen und pflegen. Besondere Stauden, im Überschwang des ›Alles ist möglich‹ gewählt und gekauft, in den Garten geschafft, am passenden Platz in die Erde gebracht – sie brauchen Zuwendung. Auch der Wunsch nach Schönheit sei mir gewährt. Es bleiben, in diesem großen Garten, genug ungepflegte Ecken.

Vergnügen bereiten mir zurzeit die wilden ›botanischen‹ Krokusse. Wie sie sich nach der kalten Nacht am Morgen öffnen, wie aus kaum sichtbaren Blütenblättern eine veilchenblaue Flut hervorbricht, die sich von der Baumscheibe unterm Brettacher Apfelbaum über den Rasen ergießt. Wie sie geradezu durch den Garten laufen, sich nicht im Geringsten um die gärtnerischen Ambitionen der Menschen kümmern. Anfangs besiedelten sie nur die Baumscheibe vom Apfelbaum, wo wir die kleinen Zwiebeln vor ein paar Jahren in die Erde brachten, dann hüpften sie ins Asternbeet und zu den Erdbeeren, anmutig und keck, und hinüber zum *Allium caratabiense* und zum Spargel, der seinen Platz im Karreebeet hat. Gehören sie doch zu den Spargelartigen, *Asparagales,* und sind nicht kleinzukriegen, ausrupfen nützt gar nichts, aus jedem Knollenfragment wird eine neue Pflanze, jetzt tauchen sie auch schon vorne auf, wo die Narzissen sich gerade herauswagen. Nie wird er ihn wieder los, wer diesen Krokus einmal hat.

Also arrangiere man sich und bestaune die Unverfrorenheit der kleinen Frühlingsblüher. Ich darf, ich muss auch darüber laufen, denn selbst auf meinem Rasenweg zum Komposthaufen finde ich sie. Die Bestäubung erfolgt durch Bienen; wenn die befruchteten Samen dann mit dem Schnittgut vom Mähen im Kompost landen und später als Komposterde zum Düngen auf den Rasenflächen verteilt werden, verbreiten sie sich mühelos. Zeitigte doch alles im Garten mit so wenig Mühe so großen Erfolg.

Es verbreiten sich durch die Kompostgabe auf der Wiese auch Gundermann, Veronica, Braunelle, Hahnenfuß, Gänseblümchen und Löwenzahn, Weißklee und Günsel – gut für die Bienen und manch andere Insekten. Und ich habe wieder ein gutes Gewissen.

Noch Mittwoch, abends. Da wird mir aber richtig schlecht, schwindlig wird mir, wenn ich mich dem neuen Gartenkatalog widme – warum tu ich's dann? Fünfzig Sitz- und Liegemöbel, hundert Grillkombinationen, -kamine und Feuerschalen, tausend Arten, Kinder zu beschäftigen, Gartenglück garantiert. Auch Rasenteppiche für die Outdoor-Aktivitäten werden angeboten – nicht Rollrasen, der wächst ja und muss gemäht werden, nein, Kunststoffrasen in ›Park‹- oder ›Prärie‹-Qualität, vitriolgrün oder mit braunen Halmen durchsetzt, der wirkt dann richtig echt.

Zurück zur Buchlektüre. Wie wohltuend, wenn Henry Thoreau das einfache Leben nicht nur predigt, sondern auch lebt. »Einfachheit, Einfachheit, Einfachheit! Befasse dich mit ein oder zwei Angelegenheiten, aber nicht mit hundert oder tausend.« Im März 1845 lieh er sich eine Axt, ging in die Wälder am Walden-See, fällte ein paar junge Weißfichten und baute sich eine Hütte. Zwei Jahre verbrachte er dort in Demut und Klarheit, ein Aussteiger, der seine Lebensweise realistisch und ohne Sentimentalität oder Euphorie beschreibt. 1854 erschien sein Buch über das »eigentliche, wirkliche« Leben in der Natur. Seitenlang *Nature Writing,* und keinen Moment langweilig.

Als ich Kind war, kletterten wir auf Bäume und waren Seeräuber oder Kapitän, wir spielten Fangen und fanden kühne Verstecke. Hopse und ›Himmel und Hölle‹, die Spielfelder mit dem Absatz ins Erdreich gekratzt oder mit einem Stück Kreide auf die Straße gemalt. Bauten Buden, in denen uns keiner bei allerlei Spielen auf die Finger sah, entfachten manch kleines Feuer. Ein neuer Ball – was für ein Schatz. Als ich Kind war und zur Schule ging, verbrachte ich Stunden mit dem Beobachten der Natur, ich war Einzelkind und schätzte das Alleinsein durchaus.

Still leben

So, wie ich es in Erinnerung habe, gibt es das Stückchen überschaubare Natur, das ich beschreiben möchte, heute nicht mehr. Wildwuchs hat sich darüber hergemacht, Müll wurde abgeladen und wieder weggeschafft, der Mensch hat eingegriffen und einen Zaun gezogen.

Wolfswerder Ecke Jägerstieg. Topografie.

Ich bin zehn oder elf. Der Tümpel, der vielleicht aus einem Bombentrichter entstanden war, und darum schräg abfallende Ufer und einen beinahe kreisrunden Wasserspiegel hatte, lag an meinem Schulweg. An seinem oberen Rand hatte jemand Steine aufgehäuft, einen stattlichen Hügel graues Geröll. Vielleicht kam es von dem verwilderten Acker, der sich von der Tümpellandschaft bis zu einem Eichenwäldchen erstreckte. Überall waren Büsche in die Höhe geschossen: es gab Silberweiden am Teich und weiter oben Heckenrosen und Brombeerdickicht voller Vogelgeschrei.

Der Steinhaufen lag nicht weit weg von der Straße, die von Kleinmachnow zum S-Bahnhof Düppel führte. Wenn ich mittags aus der fremden, für mich neuen und ungewohnt großen Zehlendorfer Schule kam – allein, denn es gab noch keine Mitschüler mit dem gleichen Heimweg –, war es wohltuend still dort am Feldrand. Die Vögel schwiegen, die Frösche ließen kaum einmal ein kurzes Knarzen hören. Nur die Grashüpfer zirpten pausenlos. Doch was war ihr Zirpen gegen den lauten Schulhof, die hallenden Flure, die schrille Stimme von Fräulein Pollack, der Englischlehrerin. Die Zeit stand still zwischen zwölf und zwei, wenn die Sonne von hoch oben herunterbrannte und ich die braune Ledermappe auf den Boden warf und mich an meinem Steinhaufen ins trockene Gras hockte. Jeden Morgen hatte ich einen Fußweg von einer Viertelstunde zum S-Bahnhof, fuhr dann eine Station mit dem Zug und bummelte oder trabte die Machnower Straße hinunter. Dass ich auf dem Heimweg herumtrödelte, lag weniger an der Schulmüdigkeit als an dem Wissen, dass meine Mutter jeden Tag aufs Neue wegen der Trödelei mit mir schimpfen würde. Dem meinte ich zu entgehen oder schob es hinaus durch noch längeres Herumbummeln. Strafen halfen wohl nicht mehr, und gegenüber Mutters Klagen und Drohungen war ich gleichgültig geworden. Ich entzog mich ihnen, indem ich mich meiner Mutter entzog.

Das Wispern der Grashüpfer und die Sonnenwärme ließen das sonst oft rastlose Schulmädchen die Zeit vergessen. Unbewegt und schwarz lag der Teich in seiner Senke. Ab und an übertönte das tiefe Brummen einer Hummel den feinen Summton der Wildbienen. Es war, als vibrierte die Natur, als atmete sie wie ein großes sanftes Tier. Der feine Duft von wilder Minze, von Beifuß und Thymian zog über das Feld. Die Zeit stand still. Die Schule war vergessen. Das, was mich zu Hause erwartete, war weit in die Ferne gerückt. Hin und wieder knackte es im dürren Kraut, wenn ein leichter Windzug die gelben Wedel der Goldraute bewegte. Ich war ganz ruhig und beruhigt, zugleich aber aufmerksam gespannt. Immer musste man Ausschau halten nach einer Feldmaus, die über den Weg huschte, nach einem Vogel, der seiner plötzlich aufschreienden Brut einen Schnabel voll Futter brachte. Ich bestaunte die Zusammenrottung der Feuerwanzen auf dem heißen Boden, betastete die Schmetterlingskokons am Stängel der wilden Möhre – wann würde der Schmetterling schlüpfen, wie würde er aussehen? –, ich polkte an den dicken Galläpfeln auf der Unterseite der Eichenblätter herum und warf den Ameisen Krümel vom Pausenbrot in den Weg. Was mir in die Quere kam, nahm ich in die Hand, den toten Maulwurf ebenso wie das aus dem Nest gefallene Vogelwurm.

Einmal begann es an einem drückend heißen Tag plötzlich zu regnen, als hätte jemand an einer Schnur gezogen, um einen Vorhang herabzulassen. Die staubgrauen Blätter wurden grün, sie funkelten und glänzten wie poliert, die Erde dampfte, die Steine schimmerten in den unterschiedlichsten Farben. Kleine Bäche liefen auf dem sandigen abschüssigen Weg, die Pfützen warfen helle Blasen. Ich wurde durch und durch nass. Glücklich, mit auf der Haut klebenden Sachen und hart gewordenen, quietschenden Sandalen trottete ich nach Hause. Was war es, das mir dieses starke Gefühl von Glücklichsein gab? Der warme Sommerregen oder das Ankommen im Trockenen, im Haus? An diesem Tag gab es keine Beschwerden über mein Zuspätkommen. Während ich die Kleider wechselte und den Inhalt der Schulmappe zum Trocknen ausbreitete, wärmte meine Mutter das Mittagessen auf.

Die Steine am Feldrain hatten so viel Sonne gespeichert, dass der kurze Regenguss sie nicht abkühlen konnte. Tags darauf hockte ich wieder an meinem Steinberg und beobachtete, wie die Eidechsen vorsichtig hervorkamen, wie sie züngelten, wie sich ihr heller Bauch auf die warme Unterlage presste. Ich sah die winzige gespaltene Zunge, das schnelle Pulsieren am gelblichen, faltigen Hals, das rasche Hin und Her der kleinen, mit Krallen bewehrten Füßchen. Der Rücken der Tiere hatte die Farbe der Steine. Eine Eidechse zu greifen und sie eine Weile vorsichtig in der Hand zu halten, erforderte Geduld und Geschick, in der Sonnenwärme wurde das kleine Reptil so flink, dass es bei der geringsten Bewegung davonhuschte.

Einen Frosch zu fangen, war Kinderspiel. Man musste nur die Hand in die Richtung seiner Sprungbahn halten, und sie, wenn er sprang, blitzschnell darüberstülpen. Eidechsen, die, noch in der Winterstarre, träge und spröde waren, interessierten mich nicht.

Ich wollte das geschmeidige Tier im Sommer erwischen, den wendigen Körper, in dem das Leben pulsierte, ein Herz wie eine Erbse und dennoch genauso wichtig wie mein eigenes. Im rechten Moment zugreifen und zugleich äußerst behutsam sein, dafür brachte ich unendlich viel Zeit und Geduld auf. Die Finger ein wenig, aber nicht zu weit geöffnet, wusste ich dem Tier Spielraum zu lassen; es war mir vollkommen ausgeliefert. Ich war es, die es in diesem Augenblick schützte, die ihm das Leben gewährte. Ich kannte das Gefühl des Ausgeliefertseins, auch der Bedrohung. Jetzt fühlte ich mich verantwortlich für das kleine Leben in meiner Hand.

Manchmal nahm ich eine Freundin mit zu meinem Steinhaufen, doch das Alleinsein in der Natur hatte für mich bald eine so große Bedeutung, dass ich es den Störungen durch andere Kinder vorzog. Dass sich in das Gefühl von Glück im Einssein mit der Natur eine unbestimmbare Sehnsucht mischte, dass eine gewisse Traurigkeit manchmal das vollkommene Wohlsein einfärbte, scheint mir ein Phänomen zu sein, dessen wir erst später, mit zeitlichem Abstand, gewahr werden. Andere Menschen mit anderen Lebenswegen haben berichtet, dass sich in Augenblicken freudigen Empfindens in der Natur zugleich etwas schmerzlich in ihnen regte. In solchen Momenten ist es, als besitze der Mensch eine Erinnerung an das Paradies – und weiß doch gleichzeitig um seinen Verlust.

Der Tümpel, so viel sei angefügt, ist nicht aus einem Bombentrichter entstanden; er ist ein Überbleibsel einer eiszeitlichen Rinne.

28. Februar

Der letzte Tag im Februar. Der letzte Tag vom meteorologischen Winter. Ich beschreibe mein Morgenritual; es wird mir von Jahr zu Jahr wichtiger. Man sagt, Regelmäßigkeit sei vorteilhaft, will man in gutem Zustand ein hohes Alter erreichen. Rituale zu befolgen, Dinge regelmäßig zu tun, bedeutet, keine Entscheidung treffen zu müssen, der Kopf bleibt frei für anderes, Raum für Einfälle und Fantasie ist da, Raum auch für das Nichts und die Gelassenheit. Auch bringt das Ritual, selbst wenn es ein sehr einfaches ist wie das Kaffee- oder Teetrinken, Struktur in den Tagesablauf, und es verbindet, wenn man es gemeinsam begeht.

Der Wecker klingelt um sieben. Ein paar Atemzüge Dankbarkeit, zwei Atemzüge Zuversicht, dann um den Anlaufschmerz der arthrotischen Gelenke zu mildern, gymnastische Übungen im Bett, sie fangen bei den Zehen an und enden mit Naserümpfen und Augenverdrehen. Dann in Nachthemd und Weste die zwei Treppen runter von der Mansarde in die Küche, und beim Treppensteigen wahrnehmen, wie beweglich die Knie, wie geschwind die Schritte – mittelgut an diesem Morgen. Dass man bemerkt, wie schnell oder langsam man läuft, wie flink oder eher träge man sich bückt, ist in der Tat ein Zeichen des Alters. Das »Noch« wird immer bedeutsamer.

Lutz hat schon Kaffee gemacht. Wir trinken ihn ins Glas gebrüht, wie wir es auf unseren ersten Polenreisen in den 1990er Jahren kennenlernten, heiß muss er sein, damit man ihn langsam trinkt, und immer schwimmen ein paar Kaffeekrümel an der Oberfläche, das gehört dazu. Das langsame Trinken, Schluck für Schluck, macht, dass wir gemächlich in den Tag kommen. Dann schlüpfe ich in meine roten Gartenclogs, ziehe die dicke Daunenweste über und gehe nach dem Wetter schauen.

Strahlende Sonne heute Morgen, die Luft noch frisch von der Nacht. Die Fensterklappe über den Oleanderkübeln ist offen, der Lorbeer steht seit ein paar Tagen draußen.

Tee kochen, Frühstück bereiten, beim Essen den Tagesplan besprechen, dann geht jeder in sein Zimmer, weitere Turnübungen werden absolviert, nicht so streng, mal mehr, mal weniger. Ich mache Schwimmbewegungen im Trockenen und Bauchmuskelübungen. Was mein Mann macht, weiß ich nicht. Ich vermute, er ist gründlicher und konsequenter als ich. Etwas später dann nochmal Tee trinken aus der großen chinesischen Thermoskanne, Zeitung lesen, das Fernsehprogramm für den Abend begutachten, wieder nichts, das mich verlockt. Lutz sitzt überm Sudoku.

Als ich meine Bodenübungen machte, hörte ich heute im Radio die »Politik des Tages«; die Kanzlerin sprach von einer »Kultur der Rüstungsexporte«. Kultur? Noch nie hing Kultur für mich mit Waffen, Zerstörung, Kaputtmachen zusammen; es ging um eine Lockerung der deutschen Exportrichtlinien.

Rüstungskultur. Da kann man einen Tag lang darüber nachdenken. Im Thesaurus finde ich später unter dem Schlagwort Kultur neben Landwirtschaft und Gartenpflege: Zivilisation, Bildung, Humanität, Anstand und Gesittung. Das Antonym, das auch genannt wird, heißt Barbarei. Ich denke über die Wörter »Vaterland« und »Muttererde« nach. Ich denke auch darüber nach, was alles man kultivieren kann.

Ich suche eine Geschichte über »meinen« Krieg, sie heißt »Schutzmantelmadonna«, und ich war Kind, als ich das alles erlebte.

Schutzmantelmadonna

In dem Alter, in dem Kinder noch auf dem Schoß der Mutter sitzen. Vier war ich, vielleicht auch erst drei, ich weiß nicht, wie weit meine Erinnerung zurück reicht. Es war die Zeit der Bombenangriffe auf Berlin; mit dem Fortgang des Krieges wurden die nächtlichen Angriffe immer häufiger, auch tagsüber gab es Alarm. Immer wieder überstürzte Flucht in den Luftschutzkeller. Immer wieder alles unterbrechen, was man gerade tat, aber nicht sinnlos weglaufen, nicht heillos davonstürzen, Mutter muss das Gas oder das Licht ausmachen, ich muss einen letzten Bissen vom Essen nehmen, die Lieblingspuppe schon im Arm. Oder aus Träumen, in denen die Angst beständiger Mitspieler ist, hochfahren und im Dunkeln die Flurtreppe hinunter – wie oft bin ich gefallen, weil in der Hast die Beine nicht gehorchten, weil die Mutter ihre Hände für anderes brauchte, man ging nicht Hand in Hand, in den Luftschutzkeller gehen war kein Spazierengehen. Die Treppe war steil. Auf den harten Borsten des Fußabtreters lag ich, bis die Mutter kam, sie sagte: »Herrgottnochmal, kannst du nicht warten?«, und nahm mich an die Hand.

Über den Hof ins Vorderhaus.

Wenn wir die Kellertreppe runterkamen, saßen da schon die Großeltern und manchmal auch andere Leute. Dicht aneinander gedrängt, der Keller war klein, hockte dennoch jeder für sich, mit gesenktem Kopf und enggestellten Schultern, Menschen, die frieren, sehen so aus. Gab es ein Notlicht, eine brennende Kerze? Gab es ein leises Hin und Her der Worte?

Meistens herrscht Schweigen, manchmal singt Großmutter mit ihrer dünnen Stimme, ein Singen wie im Wald, irgendwann reißt der Faden ihres frommen Lieds, und dann gibt es nur noch das Ausharren in der Reglosigkeit.

Die Wände schimmern feucht. Die Luft ist wie kalt gewordene Suppe.

Großvater hatte die Apfelregale zu einem Doppelstockbett umgebaut. Darin liegen mochte keiner, es war hart, es war zu eng überm Kopf. Etwas wie Klaustrophobie bis heute. Das Gedächtnis hat die Erlebnisfetzen mit dem groben Garn der Angst zusammengenäht. Unzählige Bombennächte und Angriffe am Tag gerinnen zu einer einzigen Erinnerung.

Ein freundlicher Frühsommertag, und wieder trieb uns die Sirene zur raschen Flucht ins Kellerverließ. Die Bomber flogen schon tief, der Lärm schwoll an, ebbte ab, doch sogleich näherte sich die nächste Staffel. Anstürmende Wellen, und wir, eine Handvoll Menschen in der gleichgültigen wilden Brandung, viel zu klein das wackelige Schiff. Pfeifen. Krachen. Rütteln. Wenn du eingeschlossen bist, ist das Hören besonders intensiv. Das Dröhnen. Das Gebrumm. Ich weiß nicht, wie lange es ging.

Ich saß auf dem Schoß meiner Mutter, die eine rote Wolldecke um uns gewickelt hatte. Aber die Bedrohung war zu groß, der Lärm zu unerhört, nichts gab da Schutz und Geborgenheit. Mein Vater hatte die Decke mitgebracht, als er auf Urlaub gekommen war, eine afrikanische Wolldecke, knallrot, blutrot, feuerrot. Decken waren sonst braun oder grau, höchstens kariert. Ich liebte diese rote Decke, wenn sie oben im Wohnzimmer auf dem Sofa lag. Da hatte mein Vater von Marokko erzählt, immer erzählte er Geschichten, erfand Märchen, die man 1001 Nacht lang hätte hören können. Ma-rok-ko. Die Mauren. Die Geschichte vom Pfeffersack: Vom geizigen Kaufmann, wie er in den Sack gesteckt wurde, wie das biss, wie das juckte; neben dem Vater unter der roten Decke konnte das kleine Mädchen die Beine nicht stillhalten. An normalen Tagen lag die Decke zusammengefaltet auf dem Sofa, aber gab es überhaupt noch normale Tage? Tage, an denen Vater und Tochter unter einer Decke steckten und der Soldat auf Heimaturlaub Geschichten erfand ...

Jetzt im Keller umhüllt die rote Decke Mutter und Kind, ist Wolle und warm, ist Mohnfeld, ist Afrika. Ma-rok-ko. Dass auch mein Vater einer ist, der anderen Menschen Angst macht, weiß ich noch nicht. Ob die Decke redlich erworben war oder als Beutestück in unseren Besitz kam, werde ich nie erfahren. Nach dem Krieg wird sie wieder auf dem Sofa liegen, später in die Garage wandern, um für Dreckarbeiten benutzt zu werden; irgendwann landet sie beim Roten Kreuz ...

Sonst eher rau und kratzig für die nackten Kinderbeine, fühlt sich die Decke hier im Luftschutzkeller unter der Erde weich an. Die Wände sind kalt und feucht. Mutters Schoß ist warm und feucht. Immer wieder zerschneidet ein Pfeifen die Luft, dann scharfes, hartes Krachen. Es hört nicht auf. Pfeifen, Heulen, Krachen. Ich könnte mir die Fäuste auf die Ohren pressen, die Finger und die rote Wolle hineinstopfen, aber aus irgendeinem Grund höre ich hin, lausche mit einer seltsam unbeteiligten Aufmerksamkeit. Wenn das Haus über uns bebt und unter uns der Boden wackelt, dehnt sich die Zeit, endlos dauert das Warten. Traf es? Ging es daneben? Halten die Mauern? Hält das kleine Haus?

Putz rieselt von der Decke. Grauer, kalkiger Staub.

Die Flugzeugmotoren dröhnen jetzt schwächer, werden leiser, eine eigentümliche, dumpfe Stille folgt. Atemholen, Warten. Das starre Sitzen der Mutter. Ihr Schweißgeruch. Ihr feuchter Schoß. Mutter riecht anders als sonst.

Neue Bombengeschwader fliegen an. Nach einem durchdringenden Knall packt ein wildes Rütteln das Haus, es zittert einmal und wieder, ein Riese hält den kleinen weißen Kasten mit dem Ziegeldach in seiner Faust. Die Menschen im Keller überkommt ein nicht gekannter, endlich auch betäubender Schmerz: stein-graue Angst. Ganz eng hat die junge Frau die Hülle um sich und das Kind geschlungen, und das Kind hat die Augen jetzt zu, denk an den lieben Gott, sagt die Mutter dicht über ihm, und das Kind weiß, dass dieser Satz das Ende bedeutet. Wer tot ist, ist da, wo Gott ist, die Toten sind im Himmel, bei Gott. Gott, der alles sieht, auch die Unarten und Ungezogenheiten. An den lieben Gott denken, hat das Kind gelernt, das macht man, wenn etwas wirklich schlimm ist.

Er könnte doch auch helfen.

Irgendwann ist es zu Ende. Irgendwann wird es still. Die Spalte in der Erde, die Fuge zwischen Totsein und Lebendigsein hat sich geschlossen, die Flieger drehen ab, das Dröhnen wird leiser, lang und hell ertönt die Sirene.

Ich war fünf, ich war sechs, und immer noch gab es diese Weltuntergänge.

Irgendwie kommen wir immer raus. Das Haus steht. Das Haus ist heil. Die Bäume strecken ihre Äste in den blauen Himmel. Aber hinten im Garten hat ein Abwurf einen tiefen Trichter gegraben, die Erdbeerbeete zerwühlt, die Spargelreihen zerstört. Spargelstücke liegen auf dem sandigen Grund, weiß wie Knöchelchen. Im Haus gegenüber ist die Küche zerfetzt, ein Stück die Straße runter, Nummer fünf, steht ein Haus in Flammen. Überall kaputte Fensterscheiben, im Pflaster klaffen Löcher, am Rand vom Teich qualmt ein Flugzeugwrack, vom Piloten keine Spur. Wir Kinder gehen umher, reißen den Mund auf, die Augen schauen sich alles an. Die Erwachsenen sagen nichts, machen sich an die Notbehelfe, sagen auch nichts über die Todesarten der Menschen, übers Ersticken, Verbluten, Zerrissen werden. Die Toten sind bei Gott. Und der ist im Himmel. Und der Himmel ist so blau an diesem Tag.

Was willst du, bist doch am Leben.

1. MÄRZ, FRÜHLINGSANFANG

Gestern Abend waren wir in Berlin zu einem Konzert in der Philharmonie. Als »typisch Westberliner Bildungsbürgertum« im besten Sinne bezeichnete H. kürzlich das Publikum in der Philharmonie, was sie irgendwie beglückt habe, ebenso wie die Heimfahrt im seit langem so vertrauten achtundvierziger Bus, Schöneberg, Steglitz, Zehlendorf, ein Stück beinahe vergangener Stadtkultur. Ein Publikum auch, das die Nase rümpft, wenn junge Leute, die aus anderen oder keinen kulturellen Zusammenhängen kommen, schon nach dem ersten Satz der Symphonie fröhlich applaudieren.

Ich denke an einen Besuch im modernen Glashaus der Philharmonie von Stettin, wo im Programmheft höflich darum gebeten wurde, das symphonische Werk ganz und ohne Zwischenapplaus zu hören; die Musiker gerieten ansonsten, sei der Beifall auch noch so nett gemeint, aus dem Fluss der Musik. Das hat mir gefallen, und es war netter gesagt als ich es hier wiedergebe.

Im Garten haben Lutz und ich gestern eine Arbeit gemeinsam erledigt, was selten geschieht; meistens pusselt jeder irgendwo für sich herum, das ergibt sich so in dem großen Areal. Gemeinsam haben wir die toten Äste der riesigen Blaufichte, die im Übergang vom Vor- zum Hintergarten neben der Hängebirke wächst, beseitigt. Im vorigen regenlosen Sommer und im Winter ohne Schnee nahm sie Schaden, Äste trockneten, starben ab.

Der Mann schleppt die Astsäge herbei, einen »Hochentaster«, den Teleskopstiel einmal und noch einmal verlängert, er holt die Leiter. Die Frau sagt: Pass auf deine Schulter auf, gib acht auf dein Knie, er hantiert mit Kette und Schwert, sie betätigt die Kabelrolle und die Verlängerungsschnur, dann hält sie die Leiter, und mit gewaltigem Lärm fällt unter der Kraft der elektrischen Säge ein Ast nach dem anderen ins Gras. Gemeinsam entscheiden sie, was muss weg, was kann bleiben. Sie zerrt die Äste zur Seite, schleppt sie über die Wiese. Gestern hat sie über den Gartenkatalog gespottet, nun freut sie sich. So ein Entaster ist schon was ganz Tolles.

Ich stapele die Äste zu einem Haufen und denke, wie gut es ist, wenn man gemeinsam etwas tut, die Zufriedenheit danach ist so viel größer, als wenn jeder irgendwo seine Dinge alleine erledigt. Vorausgesetzt, keiner kritisiert, redet rein. Es war gewissermaßen ein Stück Ehe- plus Garten-Kultur. Bald sind wir fünfundfünfzig Jahre verheiratet. Später eine Tasse Tee, Zeitungslektüre, Sudoku, Konzert.

5. MÄRZ

Ein Garten sei ein »Quell der Sinnenfreude und ein Ort voller Schönheit«, schreibt Diana Athill, die britische Grand Dame des Verlagswesens und der Belletristik in ihren Lebenserinnerungen. Im Alter – da war sie weit über achtzig – halfen ihr zwei junge Gärtnerinnen, und trotzdem legte sie jedes Mal, wenn sie im Garten war, Hand an – etwas anbinden, etwas stutzen, eine Ecke vom Unkraut befreien, ein paar Pflanzen in die Erde bringen, es ging nicht ohne das. »Und wie meine Knochen auch schmerzen mögen, wenn ich damit fertig bin, es tut mir doch richtig gut. Mit den Händen in der Erde zu graben, Wurzelgeflecht auszubreiten, es einer Pflanze angenehm zu machen – das ist eine Beschäftigung, die einen voll in Anspruch nimmt, wie das Malen oder das Schreiben, so dass man wird, was man tut, und eine wunderbare Erholung von der Beschäftigung mit sich selbst bekommt.«

Da gibt es nichts weiter zu sagen. Sich von sich selbst erholen, wie weise.

11. MÄRZ

Ich war auf einer kurzen Reise in Kiebitzreihe im Haus, das uns mein Vater hinterließ, und brachte etwas mit, das außer mich keinen so recht begeistert, Mäuseknochen. Im letzten Frühjahr hatte ich dort eine Waldohreule beobachtet, die den Tag in der Eibe vorm Haus verbrachte. Mit klopfendem Herzen verharrte ich auf dem Gehweg, wo sie wenige Meter über mir ihren Schlafplatz hatte, saß da und schaute mich, blinzelte mich an, und ich stand stumm vor Ehrfurcht und Staunen, denn noch nie hatte ich in freier Natur eine Eule von so nahem gesehen. Als wäre es mein Vater in anderer Gestalt. Von Eulen hatte er oft erzählt. Am

Boden lagen zahlreiche ausgewürgte Gewölle, so musste sie also dort auch ihren Futter- beziehungsweise Verdauungsplatz haben. Am folgenden Tag war sie weg und war auch zu anderen Zeiten nicht mehr zu sehen.

Jetzt bei meinem erneuten Besuch fand ich wieder ein paar der daumendicken Gewölle. Da ich die Angewohnheit habe, alles anzufassen, was mich interessiert, hob ich eins auf, ich zog Fellreste und Haare auseinander und legte die Knochen frei. Mäuseknochen. Knöchelchen. Ein Oberschenkelknochen, ein Hüftknochen und das Kniegelenk einer Maus. Ein Unterkiefer mit Zähnen, sandkornklein und doch so perfekt geformt, dass man vor Andacht die Luft anhält. So zerbrechlich in der groben Menschenhand. Ich verwahrte den Fund in einem Kästchen und bedeckte ihn mit gelber Juwelierwatte.

Jetzt liegt das Kästchen auf meinem Arbeitstisch. Wem könnte ich den Inhalt zeigen, wer würde einstimmen in mein Lob der Natur, die Achtung vor den Winzigkeiten?

Wie ich die Mäuseknochen eingesammelt habe, trage ich auch Erlebtes zusammen, außerdem Listen, Kalender, Baupläne und vergilbte Fotografien, meine »Mäuseknochen«, die etwas über die Geschichte von Haus und Garten erzählen. Hundert Jahre.

Ich war in Hamburg in der Ausstellung »Die Welt im Umbruch«. Die zwanziger Jahre – golden waren sie nicht. Gibt es eine Gedankenverbindung zu unserem Haus, zum Grundstück am Rand von Berlin? Besitzer wurde der Vater meines Vaters, mein Großvater. Doch das Geld für den Grundstückserwerb hatte meine Großmutter Auguste, mit dem schönen Mädchennamen Auguste Berta Oberüber, vor ihrer Heirat verdient, zuerst als Dienstmädchen in gutsituierten Familien, dann als Gastwirtin; ihr Mann Otto trug durch seine Tischlerwerkstatt in Berlin-Schöneberg das Seine dazu bei. 1920 erwarben sie von der »Siedlungsgenossenschaft Eigenherd« in Kleinmachnow am Rand von Berlin Bauland, einen Morgen auf einem Areal von 350 Morgen »Ödland- und Waldfläche«. Von »Wald« war wenig übrig; die Genossenschaft hatte den märkischen Forst rücksichtslos abgeholzt und das Holz verkauft. Wo das Paar mit zwei heranwachsenden Söhnen zu siedeln gedachte, war eine Wüste voller Baumstubben mit einer einzigen verbliebenen Kiefer, der Boden märkischer Sand. Es dauerte nicht lange und der Ort – inzwischen selbständige Landgemeinde – hatte fünfhundert Einwohner, die meisten begannen unter den gleichen Bedingungen. Zuerst baute man einen »Stall« – weniger für Tierhaltung als für Werkzeug und Baugerät sowie als primitive Wochenendunterkunft. Die Wege waren je nach Jahreszeit sandig oder voller Schlamm, der Optimismus war groß. Die besonderen Kleinmachnower Straßennamen kamen später.

Es war der Anfang unseres Gartens. Ein Morgen, hier sind es 2600 Quadratmeter, umfasst ein Areal, das an einem Vormittag pflügbar ist, groß genug für Haus, Werkstatt, Kleintierhaltung, Nutz- und Ziergarten.

Das Berlin der »Goldenen Zwanziger« war weit weg. Kein Geld, keine Zeit für Bars oder Tanzlokale, vermutlich auch kein Interesse. Willi, mein Vater, war zu jung, um Flaneur zu sein, Kunst und Literatur als Freizeitbeschäftigung lagen auf einem anderen Stern. Kein Interesse auch an der Tages- oder Weltpolitik. Die Familie wohnte noch in Schöneberg, der begabte Tischlersohn besuchte ein humanistisches Gymnasium, lernte Griechisch und Latein, erwarb dort seinen Sprücheschatz fürs Leben. Und fuhr Mist. An den Nachmittagen, manchmal auch vormittags statt des Schulbesuchs, brachte er auf einem Handwagen Mist aus einem Schöneberger Kuhstall zum Grundstück in Kleinmachnow. Immer geradeaus, zu Fuß im Schatten der noch nicht so alten Eichen die Potsdamer Chaussee hinunter, dann links nach Kleinmachnow rüber, Dünger für die Gemüsebeete, die ersten Beerensträucher, die Apfel- und Kirschbäumchen. Auf dem langen mühsamen Weg repetierte er den Schulstoff. *Amo, amas, amat.* Wieviel Fuhren mögen das gewesen sein bei zweieinhalbtausend Quadratmetern Gartenfläche.

Aus dem, was als Stall nie genutzt wurde, entstand ein paar Jahre später ein Haus mit einem ›Wirtschaftsstube‹ genannten Anbau, der heute unsere Küche beherbergt. Welche Rolle Weltwirtschaftskrise und Inflation spielten, weiß ich nicht. Sichtbar ist jedoch die Tatsache, dass gespart werden musste – bei der Dicke der Wände, der Unterkellerung, dem Einbau der Fenster; es waren Fenster aus Abrissbauten, man merkt es an den unterschiedlichen Maßen.

17. MÄRZ

Sonntag. Zum Mittag gab es heute einen weißgrünen Knödel aus altbackenen Semmeln, durchsetzt mit Spinat, und scharf gewürzte Putenbrust, dazu den hübschen weiß-lila Chicorée als Salat, dann Bratapfel und schließlich Kaffee, wir haben noch genug Äpfel vom Vorjahr. Die Landsberger Renette ist durch die lange Lagerung schon weich und etwas flau im Geschmack, aber der Brettacher Gewürzapfel ist noch fest und hat genug Säure.

In der Zeitung gibt es heute dekorativ fotografierte Anregungen für eine nachhaltige Küche, Essen zur Rettung unserer Erde. Sieben Gramm Rind und sieben Gramm Schwein täglich, null Komma zwei Eier und 300 Gramm Gemüse. Stelle man sich jetzt also eine Briefwaage in die Küche. Was sich verrückt anhört, zielt auf ein Neudenken von Landwirtschaft und Lebensmittelproduktion, und es zieht die Gründung einer neuen Expertenkommission und weitere Buchveröffentlichungen zum heiligen Thema Ernährung und zur Rettung der Welt nach sich. Man könnte auch auf die alte Gewohnheit zurückgreifen: freitags Fisch, samstags Eintopf, am Sonntag ein Frühstücksei und mittags den Braten. Resteessen am Montag und so weiter.

Vielleicht sollte ich statt Tagebuch lieber ein Rezeptbuch schreiben: Sonntagsbraten und gutes Gewissen.

Vom Hokkaidokürbis, den wir für die Suppe nahmen, haben wir die Kerne getrocknet und grob zerhackt ins Vogelhaus gegeben. Nun kommen Kernbeißer, Erlenzeisig, Meisen und die dickschnäbeligen Finken. Der Dompfaff war leider selten in diesem Jahr.

Heute nahm ich auch den letzten Winterschutz weg, von den Lilien und vom Fuß des vor zwei Jahren gepflanzten Feigenbaums, der den Winter, der keiner war, gut überstanden hat. Kleine unreife Feigen schmückten die kahlen Äste in der blattlosen Zeit. Hinterm Haus öffnet vor dem zartgelben Glockenhasel eine Frühlingsiris ihre nachtdunklen Blüten. Da die rostroten Blätter der Bergenie hier den Boden bedecken, blüht die Iris in farblich reizvoller Umgebung. Daneben prangen in frischestem Gelb die kleinblütigen Osterglocken, die es in großen Mengen auch auf dem Wochenmarkt gibt. Sobald bestimmte Blühpflanzen massenhaft auftauchen und billig erworben werden können, verlieren sie für mich an Reiz, es fehlt das Besondere, es schwindet die Bewunderung der Natur, die so viel Großartiges hervorbringt.

Manchmal muss ich mich bremsen, damit ich nicht in Karl-Foerstersche Schwärmerei gerate, die für uns heute doch einen etwas süßlichen Beigeschmack hat. In Kenntnis der Gefährdung der Natur scheint eine gewisse Nüchternheit angebracht. Die Persikarie zeigt die ersten Blättchen, ist also auch gut durch den Winter gekommen. Die Perowskie muss dringend zurückgeschnitten werden, sie treibt schon aus. Auch das *Epimedium,* die Elfenblume, braucht jetzt einen Rückschnitt, obwohl das fuchsrote Blattwerk, das den Winter über im Staudenbeet stand, immer noch ein wenig Farbe ins Beet bringt.

Die Cyclamen blühen nun schon seit, man glaubt es nicht, zehn Wochen, und die Christrosen leuchten aus dem noch winterbraunen Beet. Die wilden Krokusse, längst verblüht, scheinen nun auch im Cyclamenbeet Fuß zu fassen, nein, das geht nun wirklich zu weit.

Es hat viel geregnet, und das ist gut.

19. MÄRZ

Ich öffne die Terrassentür, ein Vogelchor füllt den Garten vom neuen Grün der wilden Johannisbeere bis hinauf in die noch kahlen Äste der Lärche. Der mit Efeu bis in die Krone berankte Goldregen ist ein Zwitscherbaum. Amseln, Wacholderdrosseln, Stare in großer Zahl, dazu Meisen und Finken – ein Gewebe aus Geziepe, Gezwitscher, Tirilieren.

Es erinnert mich an eine ornithologische Reise vor vielen Jahren, die uns an die Biebrza im Osten Polens führte. Ich ging an einem Morgen ganz früh allein in die Natur, stand da und schaute, und ein nie gehörtes Konzert aus Vogelstimmen erfüllte mich vom Scheitel bis zur Sohle. Der Fluss und der tiefe Atem der endlosen Weite in der grünen Landschaft, kein Haus, keine Straße, kein Leitungsmast, nur Grün und alle Abstufungen von Blau. Wasserfarben, Lichtfarben. Und diese überwältigende Stille wie man sie heute kaum noch erlebt, Stille gefüllt mit Vogelgesang. Für mich als ornithologischen Laien ein geradezu babylonisches Lautgemenge. Geschrei, Gezwitscher, Gurren, Gesang, Krächzen, Schnarren, Flöten fern und nah, laut und leise, als Ruf und Gegenruf, sich überlagernd wie die durchscheinenden Farbschichten eines Aquarells. Man konnte die Natur nicht nur hören, auch schmecken, riechen, einatmen. Betörend war aber an diesem Morgen nicht der vielfältige Klang, sondern sein Hintergrund, ein Teppich aus Stille, und die Reduktion der Landschaft auf Farbe und Licht und Klang.

Hingebung an den Augenblick. Zen in der kontemplativen Naturbeobachtung – ein Wahrnehmen, ein Sich einlassen auf das Ganze. Es geht nur in der Ruhe des Alleinseins; in der Reisegruppe der Vogelfreunde ist es eher das Hören-Sehen-Bestimmen-Auflisten.

Am frühen Morgen am Ufer des kleinen Flusses überkam mich die Sehnsucht nach Ferne und zugleich eine Furcht: Angst vorm Unbekannten, Ungewissen, Angst vor dem Tod. Die Gedanken gingen zurück zu den Erzählungen meines Vaters über die Weite Russlands, und überaus deutlich erschien mir die Sinnlosigkeit dieses schrecklichen Eroberungsfeldzugs, der 1939, im Jahr meiner Geburt, begann.

Seit langem zieht es uns nach Polen, wir reisten in alle Gegenden unseres Nachbarlandes. Die Verzauberung, wie ich sie an den Flussauen der Biebrza an der Grenze zu Weißrussland erlebte, geschah kein zweites Mal. Dort sah und hörte ich auch den Wiedehopf, den Pirol, Wachteln und den Wachtelkönig und hörte und sah sie seitdem nicht wieder. Die Schleiereule mit ihrem herzförmigen Gesicht grüßte uns aus einem verlassenen Haus.

20. MÄRZ

Der Himmel hell und klar, am Morgen so gegen acht, die Temperatur um Null. Wenn die Sonne scheint und ein Zeisig im Futterhaus sitzt – Birkenzeisig? Erlenzeisig? – und wir Bestimmungsbuch und Fernglas hin und her reichen, ist die Welt in Ordnung.

Wenn wir die Nachrichten im Radio hören, nicht. Ratlosigkeit, die den Tag über anhält.

Aber, soviel ist klar, es war der rotbrüstige Birkenzeisig.

25. MÄRZ

Während jetzt schon die wilde Johannisbeere, nach Karl Foerster einer der »wesenlosen Füllsträucher«, sowie die Korkenzieherweide und der Scheinhasel grüne Blättchen in Fülle oder doch wenigstens Blattknospen haben, warten wir wie jedes Jahr mit einer gewissen Bangigkeit darauf, dass die sehr alten Bäume, die Lärche und die Birke, sprießen. Der Lärche gehört nicht unser Herz, obwohl auch sie Schatten spendet und ihr Habitus durchaus etwas reizvoll Bizarres hat. Die Trauerbirke ist uns nahe wie ein Familienmitglied, wie ein Mensch, der seit langem in der Familie lebt, so alt, so lange Hüterin der Kinderspiele, der Ruhepausen, der sonntäglichen Kaffeetafeln. Sie trennt den Vorder- vom Hintergarten, ist aber durch Größe und Alter so licht geworden, dass der Blick hindurchgehen kann, von vorne nach hinten, von hinten nach vorn.

Im »Baumportal« im Internet erfahre ich, eine Birke könne hundertzwanzig Jahre alt werden. So kann man hoffen, dass unsere Birke uns überlebt. Übers Internet kann ich auch das Alter des Baumes bestimmen lassen, indem ich das Maß des Stammumfangs in anderthalb Meter Höhe angebe. Also suche ich ein Bandmaß aus dem Nähkasten; der Umfang ist größer als das Bandmaß lang, er misst 200 Zentimeter. Das »Baumportal« berechnet ein Alter von 76 Jahren; so etwa haben wir sie auch geschätzt. Dann also auf ein paar weitere.

26. MÄRZ

Hat sich jemals jemand entschuldigt bei der Natur, die hier vor hundert Jahren abgeholzt wurde, und zwar radikal?

Es herrschte Aufbruchstimmung, der Gedanke an Urbarmachung, Eroberung hatte die Oberhand. Es ging ums Geldverdienen. Jetzt nach so langer Zeit versuche ich, mir das Stück

Land vorzustellen, bevor es unser Garten wurde. Ein lebendiger Nutzwald mit hochgewachsenen Kiefern, deren Stämme rostrot leuchten, deren Wurzeln tief hineingehen in den mageren Boden, ein wenig Unterwuchs, eine Eiche vielleicht, die raumgreifend ihre Äste ausstreckt, weißstämmige Birken am Rand, dazwischen vielleicht ab und an ein Schlehendickicht, bevölkert von Hase, Kaninchen, Fuchs und Reh, Spechte in den Baumkronen, Vögel im Gebüsch. Fasan und Rebhuhn vielleicht. Man konnte jagen, Beeren sammeln, Pilze im Herbst, ein ausgefahrener Forstweg war da, vielleicht auch etwas Heidelandschaft und Tümpel und Moorvegetation, und nicht weit entfernt, hinter dem Damm der »Stammbahn«, sangen die Lerchen überm Getreidefeld.

Dass ein Grundstück abgeholzt wird, begegnet uns heute allenthalben. Wer bauen will, muss roden. Wo eben noch alte Bäume den Einblick verwehrten, ist plötzlich alles offen, mächtige Stämme liegen am Boden, Stubben werden mit schwerem Gerät herausgerissen, Wurzeln ragen in den Himmel, den ganzen Tag lärmen Maschinen, bis sich geschreddertes Astwerk und Wurzelwerk zu Bergen türmt. Wo ein altes Haus stand und damit auch alte Bäume, wo noch ein Waldrest oder wilder Aufwuchs ist, kann nur erneuert oder neu gebaut werden, wenn die Bäume verschwinden. Wenn das Haus dann auf dem kahlen Grund steht, wird nachgepflanzt, kleine, dünne Stämmchen. So war es und so ist es bis heute.

Nicht ganz. Als in Kleinmachnow um die Wende zum zwanzigsten Jahrhundert die ersten Häuser gebaut wurden, gab es in der sogenannten Villenkolonie keinen Kahlschlag; nur wenn es unbedingt nötig war, wurde abgeholzt. Die Grundstücke waren groß, die Bauherren reich genug, sich von Landschaftsgärten umgebene noble Villen bauen zu lassen. Da waren alte Bäume ein Gestaltungselement. Die so kluge Julie Braun-Vogelstein beschreibt in ihrer Autobiografie *Was niemals stirbt* die Villa des Publizisten und Sozialisten Heinrich Braun und seiner Frau Lily im Erlenweg 29 auf einem viereinhalbtausend Quadratmeter großen Gelände. »Die Bäume, Sträucher und Stauden im Garten waren uns allen zu lieb, als dass wir sie durch Nutzgewächse ersetzen mochten. Aber jeden nur möglichen Winkel bepflanzte ich mit Beerensträuchern und Obstbäumen, hinter Hecken und Gebüschen baute ich Gemüse an …«

Heutzutage ist es mit den Häusern wie mit einem Blumenbeet. Wo eine Lücke ist, kommt was hin. Gestern sah ich eine junge Familie auf einem dieser Tage in unserer Straße lautstark abgeholzten Grundstück. Hier wird die Küche sein, hier dein Kinderzimmer, hier die Terrasse… Ich möchte ihnen keinesfalls die Freude verderben, Rentner machen sich schnell als Miesmacher unbeliebt. Die jungen Leute werden Blumen pflanzen, vielleicht Tomaten und Salat, vielleicht eine Birke, und sicher ein Apfelbäumchen für die nächste Generation.

Täglich verschwinden, lese ich in der Zeitung, in Deutschland etwa siebzig Hektar unbebaute Fläche; Wiesen, Ackerland und Waldstücke müssen weichen, damit Siedlungen, Gewerbegebiete und Straßen entstehen können. Der rapide Artenschwund kann, so gesehen, nicht überraschen.

4. APRIL

Der immergleiche Weg zu meiner Sportgruppe jeden Mittwoch seit ich weiß nicht wie vielen Jahren. Die Fahrt mit der U-Bahn Linie 3. Der besondere Duft im Bahnhof Onkel Toms Hütte, wo viele Geschäfte die Unterführung säumen; da ist eine Kaffeerösterei, und immer riecht es brenzlig-aromatisch, ein einmaliger Geruch auf meinem Weg. Der U-Bahnwagen füllt sich mit Aroma, und das bleibt für ein paar Stationen. Dann schaue ich auf der linken Waggonseite durchs Fenster auf die azurblau gestrichenen Fassaden der Bruno-Taut-Häuser. Nur der obere Teil der Gebäude hat dieses wunderbare Blau, und wenn ich im Vorbeifahren nicht recht hinschaue, meine ich, den Himmel Griechenlands zu sehen. Das macht mir gute Laune, jedes Mal. Die Haltestelle Thielplatz heißt jetzt Freie Universität. Viele junge Gesichter sieht man, manche tragen den Kaffeeduft gedeckt vor sich her, Coffee-to-go.

Heute gab es etwas Besonderes. An einem Baum gegenüber vom Bahnhof stand ein Mann, sah aus wie ein Rentner, Strickmütze und so, einen Schraubenzieher und ein anderes, offensichtlich selbst gebautes Gerät in der Hand. Er drehte den Passanten den Rücken zu, ich ging vorbei und sah, wie er ruhig und besonnen Tackerklammern, eine nach der anderen aus der Rinde eines Kastanienbaums zog. Ich blieb stehen, und obwohl ich schon oft diesen Weg gegangen war, sah ich jetzt zum ersten Mal, dass der Baum in bis zu zwei Meter Höhe mit hunderten dieser silbern glänzenden Klammern bestückt war, an einigen hingen noch Papierfetzen.

Was er da mache?

Die Klammern, erklärte er, stammten noch aus der Zeit, als Rudi Dutschke hier agitierte, Poster, Zettel, Anschläge habe man an die Bäume gepinnt, über fünfzig Jahre also her. Und ich bin hier hundertmal vorbeigegangen, weil ich ganz in der Nähe wohnte, und habe die historischen Klammern nicht bemerkt.

Vier Stunden etwa brauche er für so einen verschandelten Baum. Ob das Metall den Bäumen denn schade? Nein, geschadet hat es wohl nicht. Aber wie sieht es aus! Jetzt blicke ich mich um, wenn's einen stört, dann stört es; man könnte es indes auch als ein Stück Geschichte sehen, Tackerklammern als Zeugnis bewegter Studentenjahre, als die Infos noch in der Rinde von Straßenbäumen steckten.

Als ich nach dem Sport wieder zur U-Bahn-Haltestelle ging, hatte der Baum keine einzige Metallklammer mehr, nur frischbraune Rinde, wie es sich für einen Kastanienbaum gehört. Der Mann arbeitete bereits am nächsten.

5. APRIL

Strahlender Sonnenschein. Habe heute im Garten das Hortensienbeet gesäubert und den Boden mit Rindenmulch bedeckt, denn es soll zwischen den Hortensien nichts außer dem Vergissmeinnicht und den weißen Herbstmargeriten wachsen. Ausgenommen noch die Herbstzeitlose und eine wilde Orchidee, die plötzlich da war, ein Weißes oder Bleiches Waldvöglein, *Cephalanthera damasonium* – da musste ein Wildblumenbuch her. Beim Verteilen der gehäckselten Rinde ging mir durch den Sinn, dass auch das, was mir nun wie tote Materie erschien, einmal ein lebendiger Baum war, und die Frage tauchte auf, woher er sein mochte. Nadelholzstreu stand auf der Tüte, als Herkunftsland Polen und da aus dem Ort Barlinek – der früher Berlinchen hieß, in der Neumark östlich der Oder. Wir sind in Barlinek gewesen, es gibt dort Wälder und Hügel und Seen. Eine Seepromenade, ein Regionalmuseum, eine neogotische Kirche. Sägewerke verströmten Holzgeruch, wenn wir durch den Wald radelten.

Vielleicht kamen mit dem Rindenmulch auch die Samen oder Wurzelreste der kleinen bleichen Waldorchidee aus Polen zu uns und verwurzelten sich im Kleinmachnower Hortensienbeet. Danke, mein liebes Berlinchen.

14. APRIL

Seit langem blühen nun die Primeln, und zwar besonders reichlich die kleinen buttergelben, Himmelsschlüssel genannt, die so gar nicht mit der vorösterlichen Buntheit der Marktprimeln konkurrieren können in ihrem wenig spektakulären blassen Gelb. Wenn ich aber ein Sträußchen Himmelsschlüssel irgendwohin mitnehme, sagen die Leute: Wo gibt's die denn noch? Und denken an ihre Kindheit, an Bergwiesen, ans Ostereiersuchen, und haben ein Strahlen im Gesicht. Oder macht es der Name? »Himmelsschlüsselchen«. Schlüsselblume. *Primula elatior.* Dann biete ich den Bewunderern oder Bewunderinnen großzügig ein paar Primelpflanzen an, denn bei uns vermehren sie sich so reichlich, dass ich nicht alle behalten mag, zumal sie gerne inmitten anderer Stauden wurzeln oder schwierige Pflanzen, vielleicht das Orchideechen, verdrängen.

Das gilt generell für Gartenbesitzer, die bereitwillig Pflanzen abgeben. Wer etwas hergibt, hat reichlich davon, zumeist sind es die unbekümmert bis unverschämt wuchernden Pflanzen. Zum Beispiel der Bronze-Felberich ›Firecracker‹, den ich mir einst schenken ließ und gegen dessen Ausbreitungsdrang ich nun jedes Frühjahr wüte. Eine attraktive Pflanze mit weinrotem Laub und gelben Blüten, doch muss man ihr tiefgehende und ein Stück übers Erdreich ragende Grenzen setzen, es sei denn sie bekommt einen Sonderplatz im Topf oder ein eigenes Beet. Oder wird verschenkt. Was aber knapp ist, schön und dabei vielleicht sogar ein wenig heikel in seinen Ansprüchen, gibt keiner her.

Jetzt blüht auch die Frühlingsplatterbse in Rosaviolett, es blühen die Anemonen in unserem ›Parkstreifen‹ am Gartenzaun. Jedes Jahr aufs Neue bin ich unentschlossen, ob ich das Laub vom Herbst unter den Büschen liegen lasse, damit es verrottet, oder ob ich es wegnehme, damit der Grünstreifen besser, nämlich ordentlich aussieht und weil ich meine, dass die Frühlingsblüher, die dem Licht zu wachsen, es ohne eine Laubschicht leichter haben. Also der Kompromiss. Ein Teil wird saubergeharkt, ein anderer bleibt herbstlaubbedeckt, und jedes Jahr wieder zeigt es sich, dass die Anemonen hier wie da ihre filigranen Blätter entfalten und bald darauf die weißen Blütensterne. Nur dauert es auf dem naturnah belassenen Stück halt etwas länger, bis sie zur Blüte kommen.

Harken, zurückschneiden, Unerwünschtes beseitigen. Dass man immer irgendwelchen Ordnungszwängen gehorcht. Dass man dem Satz »Wie sieht das denn aus?«, so schwer davonlaufen kann. Ist es ein Elternsatz aus meiner Kinderzeit? Ein Großelternsatz?

Als um das Jahr 1925 der Hausbau beendet und der Nutzgarten für Obst und Gemüse etabliert war, als mein Vater auf Freiersfüßen ging, als die Großeltern noch stabil waren und unermüdlich arbeiten konnten, sah der Vorgarten so aus:

Zur Straße hin befriedete ein Holzzaun das Areal, dahinter schützte ein dicht mit Blüh- und ›Füllsträuchern‹ bewachsener Streifen vor neugierigen Blicken, der ›Parkstreifen‹. Ging man durch das nie verschlossene Gartentor zwischen den weißen Pfeilern hindurch zum Haus, lief man auf einem breiten, stets sauber gefegten Weg. Links neigten sich Büsche vom Falschen Jasmin darüber und Spiräen, die mein Großvater Lämmerschwänze nannte. Rechts breitete sich ein nahezu quadratischer Rasenplatz aus, um den ein schmaler Fußweg führte. Die Wege waren gerade, korrekt abgegrenzt durch eigenhändig angefertigte Rasenkantensteine. Rabatten schmückten die Anlage: selbstgezogene Stiefmütterchen, später im Jahr dann Astern, Löwenmäulchen, Tagetes. Ein ordentliches Beet, bunt wie ein Orientteppich, den man sich fürs Wohnzimmer nicht leisten konnte. Der Vorgarten ein Vorzeigegarten.

Ein Birnbaum, der aber bald wieder verschwand, wuchs im vorderen Rasenteil. Ich vergaß den Hausbaum, die Linde gleich am Tor, die Roteiche kam bald dazu, viel zu dicht beieinander –

der Kardinalfehler aller Gartenbesitzer. Zwischen Geißblatt- und Fliedergebüsch, da wo der Weg um die Ecke bog, steckte im Parkstreifen eine Laube.

Auf der Südseite neben dem Rasenkarree gab es ebenfalls Rasen, der aber zur Wiese auswachsen durfte, darauf Apfelbäume: Breuhahn, Boskop, Klarapfel. Noch waren sie klein, später brauchte man für die Hochstämme zum Ernten die Leiter. Die weiß lackierte, stabile Gartenbank stand in der warmen Jahreszeit vorm Haus: Da saß man abends mit Blick auf Rasen und Rabatten vor der sonnenwarmen Wand. Ich weiß nicht, wer auf die Idee mit der Gartenlaube gekommen war – Großmutter vielleicht, die ans Kaffeetrinken und an gemütliche Plauderstündchen dachte, oder Vater, der durchaus fürs Romantische war, er hatte inzwischen eine Braut. Oder eine Gartenlaube gehörte einfach dazu, wenn man »südlich von Berlin« siedelte. Da sie jedoch zu weit vom Haus entfernt war, wurde die Laube kaum benutzt und verschwand bald wieder. »Die dichte Laube, wo Geißblattranken, an der Sonn' erblüht, der Sonne Zutritt wehren«. Shakespeare, *Viel Lärm um nichts*. Keine Zeit für Schmusestündchen in der Laube. Aber die Bank gibt es noch, stabil wie eh und je und hart, und im Sommer wird sie von uns benutzt.

Ein Zeugnis eher landschaftsplanerischer als kleinbürgerlicher Gartengestaltung war die hochstämmige Birke, die vorm Haus wuchs und die harten Linien des weißen Kastens mit dem später aufgesetzten hohen Mansarddach auflöste und somit Haus und Gartenumgebung malerisch verband.

Auf einer alten Bauzeichnung mit dem Grundriss von Haus und Garten entdecke ich jetzt zum ersten Mal die Markierung für das Aufstellen einer Fahnenstange. Es gab sie, auf dem Rasenplatz vorm Haus, ich erinnere mich. Auch an die Tatsache, dass nach dem Untergang des Tausendjährigen Reiches der stabile Mast zersägt und verheizt wurde. Es gab ein rotes Kinderkleid, das ich nicht tragen mochte.

War das Tagwerk beendet, saßen die Großeltern auf der Bank vorm Haus. War die Arbeitswoche geschafft, saß man auf der küchennahen Terrasse zwischen Weinranken und blühenden Geranien. Blümchenporzellan und eine Tischdecke mit Bauhausmuster. Großmutter hatte Kuchen gebacken, Großvater die Wege gefegt. Jeden Sonnabend war das Harken wie das Kuchenbacken, das Baden in der Wanne und die frische Wäsche, ein Ritual. Ordentliche Wege, sie waren ja nicht gepflastert, gehörten zum sonntäglichen Imperativ, wichtiger noch als der Kirchgang; und wenn alles sauber geharkt war, zog Opa mit den Zinken der Harke ein Zickzackmuster in den Sand. Es muss ihm Spaß gemacht haben, denn er scherzte mit mir, wenn ich unbedacht über sein Zickzackmuster lief.

Gemäht wurde das Gras mit der Sense; ich weiß nicht, wann sie den ersten Rasenmäher kauften, vermutlich recht früh, denn mein Vater interessierte sich für technische Neuerungen, und Rasenmäher, natürlich handbetrieben, gab es, seit der englische Textilingenieur Edwin Budding das Gerät als Weiterentwicklung einer Textilmaschine um 1830 erfunden hatte. Im vorderen Gartenteil diente der Rasen der Konvention und dem Beweis bürgerlicher Ordnung, er musste also regelmäßig getrimmt werden; an der Seite zum Nachbarn durfte das Gras mit allem, was an Unkraut dazugehörte zur Wiese in die Höhe wachsen. Es gab Kaninchen, Gänse, Hühner, dafür brauchte man Gras und Heu. Da saß Großvater dann neben dem Hühnerstall auf einem Findling und schärfte die Sense, zog den Wetzstein gleichmäßig übers Metall oder dengelte sie, ein beschauliches Tun, ein beruhigendes Geräusch, das gleichmäßige Ping Ping, der Herzschlag des Gartens im Sommer. Kindheitssommer.

15. APRIL

Wenn etwas, das so zuverlässig dasteht wie »ein' feste Burg«, etwas, das Gewissheit und Vollendung ausstrahlt, zusammenbricht: Die Kathedrale brennt, Notre Dame, das ist wie ein plötzlicher gewaltsamer Tod. Schon immer hat das Feuer den Menschen in besonderer Weise ergriffen; als göttliche Kraft, als beherrschbares Spektakel, als höllisches Inferno. Die Kirche brennt, das ist etwas so Unerhörtes, scheinbar nie Dagewesenes, sie brennt lichterloh und jede Zuversicht ist im Augenblick dahin. Fassungslos starren die Menschen in den von Flammen hellen und von Rauch verschatteten Himmel. Sie singen. Singen gegen Vernichtung und

Tod, das hilft gegen den bitteren Speichel im Mund und gegen die Tränen, und es gibt Zuversicht. Und einer sagt: Wir bauen sie wieder auf. Das sagt man Kindern, die ein Lieblingsspielzeug verloren haben: Du kriegst ein neues. Ob das Versprechen gegen das Entsetzen hilft, ist fragwürdig.

Hier aber ist ringsum der zarteste Frühling. Birke und Lärche sind grün geworden, und zuverlässig wie all die Jahre werden sie grüner von Tag zu Tag. Siebzig, achtzig Jahre Baumleben. Achtzig Jahre Menschenleben – was ist das gegen die Jahrhunderte der Kathedrale.

Ich denke an eine Feuersbrunst, die ich als Kind erlebte, als nach einem Fliegerangriff ein Haus in unserer Straße lichterloh brannte. Wir waren voller Furcht und gingen doch hin, ohne die Erwachsenen, sahen es uns an. Hörten den Lärm der lodernden Flammen, wichen zurück vor der Hitze und konnten uns nicht losreißen von dem Anblick der Zerstörung.

Ich denke auch an ein Feuer in der Tischlerwerkstatt meines Großvaters. Als das Wohnhaus der Großeltern fertig war, errichtete man Anfang der dreißiger Jahre auf dem großen Gelände ein zweites Gebäude als Ort für die Tischlerwerkstatt, die sich bis dahin in Berlin-Schöneberg befunden hatte, darüber eine kleine Wohnung für die junge Familie: Vater, Mutter, Kind; Vater war im Krieg, ich blieb ein Einzelkind. Die Wohnung war modern, hatte große, aus unerklärlichem Grund nach außen zu öffnende Fenster, Einbauschränke, Zentralheizung, ein Badezimmer mit Einbauwanne, einen Eisschrank im Keller. Und einen knallrot lackierten Handlauf am Treppengeländer. Rot auch die Türen zur Werkstatt und zum Haus. Neben dem großen Leimofen in der Werkstatt lag immer ein Haufen Hobelspäne, leicht entflammbar bei jedem Funkenflug. Der stand einmal in hellem Brand, man konnte ihn löschen, doch es blieb mir ein besonderes Sensorium für den Geruch von Verbranntem, von Rauch. Zugleich eine Liebe zu allen Spielarten von Holzgeruch.

Der Brand der Kathedrale, auch wenn wir ihn nur vorm Fernseher erlebten, verknüpft sich in mir mit dem Wissen, dass ich zu den Menschen gehöre, die eine Ahnung von dem haben, was Krieg bedeutet: Zusammenbruch aller Bezüge, Verlust jeglicher Sicherheit.

21. APRIL, OSTERSONNTAG

Aber die Frage nach meinen Ordnungsbemühungen ist lange nicht geklärt. Ist es das Bemühen um Sicherheit, geht es um eine zufriedenstellende Ästhetik in meinem Umfeld, oder ist es nichts als der anerzogene Sinn fürs Pedantische. Ist »Ordnung machen« eine elegante Methode, Wichtiges aufzuschieben und damit zu umgehen? Ist der weichgespülte Tatendrang, das Aufräumen, das Herumpusseln eine Art Staubwischen auf der Seele? Bloß nicht zu viel Staub aufwirbeln dabei.

Ich wollte schreiben, wollte etwas zu Papier bringen, unseren Gang heute Morgen über den Waldfriedhof festhalten, wollte innehalten zwischen den kurz vor der Blüte stehenden Rhododendronbüschen, den hohen Kiefern, der Grabstätte der Familie. Eingerichtet in den 30er Jahren des letzten Jahrhunderts, birgt sie seit 1945 fünf Menschen: Großmutter Auguste, Großvater Otto, Tante »Emmchen«, Mutter und Vater. Mein Platz auch hier. In einem Areal von ein paar Quadratmetern zwischen Steinweg und Stammbahn werde ich in einer Nische verschwinden. Schwer vorstellbar, dass andere hier stehen und sich an mich erinnern werden.

Wir waren also frühmorgens auf dem Waldfriedhof. Die Vögel sangen. Aber ich sah nur, wie ungepflegt das Familiengrab nach dem Winter aussah, nichts Frisches, Österliches, nur eine müde blütenlose Christrose vom vorigen Jahr. Schäm dich, hätte meine Mutter gesagt. Wir hatten halt keine Harke zur Hand, hätte ich als Entschuldigung erwidert, und die Blumenläden waren auch zu.

So etwas aufzuschreiben, tut nicht gut.

Langweilig auch mein Nachmittag. Ich wollte gießen, die Beete wässern, denn es ist seit Tagen trocken und viel zu warm, fing dann aber an, verdorrte Äste am Etagen-Schneeball, an der Hemlocktanne, an der Birke und der Weide abzubrechen. Sie lösen sich leicht, mit einem kraftlosen Knacken – kann ich nicht warten, bis der Wind sie auf den Boden wirft? Wen stören sie, bleiben sie am Busch, am Baum?

Dann habe ich über Abulie nachgedacht und die korrekte Bezeichnung für das krankhafte Aufschiebeverhalten gesucht und stieß dabei im Alphabet auf den Pflanzennamen Acker-Schmalwand, der natürlich nicht das Geringste damit zu tun hat. Aber es ist eine für Botaniker überaus wichtige Pflanze; da musste ich gleich im Staudenbeet zwischen den verbliebenen Wildkräutern herumsuchen. Ich fand das mir bisher unbekannte Pflänzchen, entdeckte zugleich zahlreiche andere, die mich störten, sie gehörten da nicht hin, reichlich Vogelmiere und so weiter.

So geht der Tag dahin, und ich bin unzufrieden. Esse Osterkram und bin froh, dass ich die Flucht ergreifen und zu einer Veranstaltung fahren kann. Ölbilder und Entstehungsgeschichten.

Da sagt man Hallo, ich werde gefragt, wie geht es dir – aber was soll ich sagen? Dass ich nichts Rechtes zuwege bringe, dass ich mit mir und allem hadere, weil mir der Rücken wehtut und beim Laufen alles, was bewegt wird, schmerzt, nein, das verschweige ich, ich weiß, dass Unzufriedenheit und Unlust ansteckend sind. Vielleicht erzähle ich einfach etwas vom Acker-Schmalwandkraut.

23. APRIL

Seit Tagen ist es sommerlich warm, so dass man schon den Schatten sucht, viele Gießkannen sind zu schleppen für das neu Gepflanzte, für die Hätschelkinder. Auch hat ein sehr aufgeregter Wind Birkenkätzchen, Fichtennadeln und Unmengen dürrer Äste von den Bäumen geweht. Rapunzelpflanzen, die nicht mehr geerntet werden, stehen im Blumenbeet und haben schon kleine weiße Blüten. *Gaura,* die Prachtkerze, bedarf besonderer Pflege, denn zum ersten Mal ist es mir gelungen, zwei Exemplare zu überwintern. Noch sind sie klein, aber ich hoffe, sie haben einen Vorsprung gegenüber den Exemplaren aus der Gärtnerei, die man später kaufen kann. Sogar ein Löwenmäulchen hat den Winter, der keiner war, überstanden. Die *Aristolochie,* die uns im letzten, ebenso regenarmen Frühjahr verdorrt war, dann aber doch wieder ausschlug, bekommt jetzt jeden Tag eine Kanne voll Wasser. Unter der flachwurzelnden Birke läuft schon der Rasensprenger. Der Flieder blüht. Und wir haben noch nicht einmal Mai.

Wir besaßen aus der Großvaterzeit noch etwa zehn Gießkannen aus Zinkblech, zwei oder drei sind verschwunden, sie sind ja recht dekorativ, wenn man alte Gegenstände im Garten schätzt.

Ich schätze sie nun gar nicht mehr, schön anzusehen mögen sie sein, zum Gießen sind sie mir zu schwer. Schreiendgrüne Plastikkannen habe ich gekauft und bin schon von der Zehn-Liter-Kanne zur kleineren mit siebeneinhalb übergegangen.

25. APRIL

Heute, lese ich in der Zeitung, ist der internationale Tag des Baumes. Welchen Baum wähle ich mir aus für diesen Tag? Zuerst einmal den Birnbaum meiner Kindheit, den es lange nicht mehr gibt.

Der Birnbaum

Als ich alt genug war, schenkte man mir einen Birnbaum. Ich weiß nicht, warum ich ihn bekam und von wem, ich weiß nicht, wer ihn kaufte und wie er gepflanzt wurde. Ich weiß nicht, ob ich mich freute. Auf einmal hatte ich einen Baum. Ich war dem Puppenalter, der Zeit von Holzwägelchen, Roller und Bilderbuch entwachsen. Längst hatten sich mir die Märchen hinter die Ohren geschrieben. Der ungelenke Teddybär mit dem abgenutzten Fell und den Flicken aus Gardinenstoff an Händen und Füßen war nur noch Vorwand. Auf einem Foto, das aus der Birnbaumzeit stammt, sitzt er mir noch auf dem Schoß. Ich auf dem Schoß meiner Mutter. Zu groß schon, kein Schoßkind mehr. Zu groß, den Teddybären ans Herz zu drücken, wenn ein Foto gemacht wird. Wir lächeln milde in die Kamera, alle drei: Mutter, Tochter, Teddy. Eine heilige Familie, der Vater fehlt.

Ich war nun also groß genug für einen Baum. Wer einen Baum besitzt, begreift, dass Zeit langsam vergeht. Wer einen Baum besitzt, erfährt, dass Geduld und Wartenkönnen manchmal zu etwas führen im Leben. Wir Kriegskinder hatten es uns mit der Muttermilch einverleibt, das Warten auf die Sirene, die den nächsten nächtlichen Bombenangriff einheulte, das Warten auf das Essen oder darauf, dass der Hunger aufhört. Warten auf eine Nachricht vom Vater. Warten auf seinen besonderen Klingelton an der Haustür, lang-kurz-lang, das Morsezeichen K für Karos, K für Krieg. Immer paarten sich Schrecken und Lust: der Fremde, der Vater.

Hinten im Garten hatte mein Birnbaum viel Platz zum Wachsen und keine anderen Bäume neben sich. Es vergingen Sommer, Herbst und Winter, es vergingen die Jahre. Der Krieg war aus. Der

Vater strandete an einem anderen, schöneren Ort. Und schließlich trug der Baum die erste Birne. Da konnte man zusehen, wie sie wuchs. Von der Blüte zum dicken Fruchtknoten, zum kleinen grünen Birnchen – eine überschaubare Zeit. Wie die Frucht sich rundete, dick und sommergrün wurde, wie der kleine Baum alle Kraft und allen Saft in die eine, einzige Birne schleuste. Dieser Duft, das weiche Aroma, der Saft, so frisch und so süß, dass man beim Essen schlürfen musste, die harte, für so viel Genuss zu raue Schale, das Kerngehäuse, das man am Schluss zwischen den Zähnen durchzog, um die letzte Süße auszulutschen – ich wusste, worauf ich wartete, wusste, was meine Geduld belohnen würde.

Ich war kein gebildetes, kein belesenes Kind. Vater war nicht da, Mutter hatte anderes zu tun. Niemand sagte: Hör zu, wie es geht, Herr von Ribbeck auf Ribbeck im Havelland. Aber ich wusste, dass die Zeit der Ernte naht, wenn das Obst kurz vorm Herabfallen ist. Leicht, doch nicht zu leicht muss die Frucht sich lösen, darf auf keinen Fall herabgezerrt oder gewaltsam vom Ast gebrochen werden. Die Kunst des Wartens vollendet sich zur Erntezeit. Ein Teil der Belohnung für die Geduld ist die Vorfreude. Der andere Teil ist das Schwelgen, der Genuss.

Als es soweit war, kam mein Vater zu Besuch.

Die erste Birne, sagt meine Mutter, und legt sie auf einen Teller.

Was für eine wunderbare Frucht, erwidert mein Vater, spricht drei Zeilen Hölderlin und nimmt das Küchenmesser. Langsam schält und schneidet er die Birne, er öffnet den Mund, schnappt sich das cremefarbene Fleisch, er kaut mit sichtbarem Behagen, schlürft und leckt sich die Lippen. Ich stehe daneben und sage kein Wort. Stehe mit durchgedrückten Knien und zusammengeknöpftem Mund. Im großen Rachen meines Vaters verschwindet die Birne Stück für Stück, als wäre es die gewöhnlichste Birne von irgendeinem beliebigen Baum, der jedes Jahr hunderte von Früchten trägt.

Als er fertig ist, mache ich mich über die Schalen her. Voll von Missgunst und blindem Zorn beiße ich in das herbe Grün, zerkaue, zermalme ein Stück Schale nach dem anderen und schlucke etwas hinunter, das erst später einen Namen bekommt: grenzenlose Enttäuschung.

Warum hast du mir denn nichts gesagt?, fragte mich mein Vater, als wir Jahre später darüber sprachen. Ich wusste keine Antwort und weiß sie bis heute nicht. Vielleicht hatte ich in der Zeit des Wartens das Beißen, das Fassen im rechten Moment, verlernt.

Also der Tag des Baums, also die Traubenkirsche.

Ein Wildgehölz, unkompliziert, ein angenehmer Baum, ein Großstrauch, genaugenommen. Wächst im vorderen Gartenteil, wo einstmals Obstbäume standen. Der Klarapfelbaum war dort der letzte, der uns noch Blütenpracht und Bienengesumm bescherte, ideal seine Früchte für den ersten sommerlichen Apfelkuchen. Körbeweise soll sie der Bäcker im Ort, Weiksznorat, geholt haben. Von diesem Baum nahmen wir Reiser zum Veredeln eines Jungbaumes, bevor der alte einging in seinen Baumhimmel. Seit ein paar Jahren ist nun der neue Klarapfelbaum so weit, dass er Früchte trägt. Er ist ein Halbstamm, denn im Alter pflanzt man keine Hochstämme mehr.

Aber ich wollte von unseren Traubenkirschen berichten. *Prunus padus,* die ›Echte‹ Traubenkirsche, ein heimisches Gewächs, hat sich ihren Standort dicht am Zaun ausgesucht, muss wohl als Same angeflogen sein, jetzt ist sie ein kräftiger Baum. Im Frühjahr schwebt der Duft ihrer weißen Blütentrauben über Kornelkirsche und Hartriegel hinweg. Die Vögel schätzen die kleinen schwarzen Früchte, dunkle Kleckse überall, doch die Ausbreitung durch Samen ist gering.

Ganz anders die amerikanische Spätblühende Traubenkirsche, die den Platz am Zaun zur Straße gewählt hat, wo sie zahllose Nachkömmlinge unter sich ins Erdreich bringt. *Prunus serotina,* ein Neophyt aus Nordamerika, nach Europa schon im 17. Jahrhundert als robuster Zierbaum eingeführt, der auch zur Aufforstung genutzt wurde. Rücksichtslos breitete er sich aus, wurde rasch zu einer ›Waldpest‹. Hätten wir geahnt, was auf uns zukommt, hätten wir den Mutterbaum abgesägt, als er klein war. Nun haben sich schon viele Exemplare in den Nachbargärten angesiedelt, so dass man kaum hinterherkommt, die Nachkommen auszureißen, zumal die Kerne mehrere Jahre keimfähig sind. Eine mühselige, den Rücken strapazierende Arbeit. Immerhin, das sage ich mir zum Ausgleich, wir haben keinen Giersch. Und es hat sich gezeigt, dass da, wo der Boden dicht mit Immergrün bedeckt ist, keine Sämlinge aufkommen.

Ein anderer Neophyt, klein, aber gar nicht fein, ist der Hornsauerklee. Wer ihn einmal hat, wird ihn nie mehr los. Sieht nett aus mit weinrotem Laub, honiggelben Blüten und einer schotigen Kapselfrucht, die ihre Samen unverdrossen durch die Gegend schleudert. Die Wurzeln gehen tief, die Ausläufer weit – keine Chance ihn loszuwerden. Also schätze man ihn neben dem zierlichen Zymbelkraut *Cymbalaria* wenigstens als bienenfreundliche Fugenbegrünung auf Gehweg oder Terrasse.

2. MAI

Zum Weinen schön – so beschrieb eine Frau ihren Frühlingsgarten. Auch bei uns ist das Haus umblüht; vor ein paar Tagen die Japanische Kirsche vorne, daneben ihr weißer zarter Baumnachbar, der Namenlose, der sich über die Wiese neigt, jetzt die Glycinie, die einen blauen Regen zwischen Vorder- und Hinterhaus ausschüttet und ihre Blütenfülle bis auf den Balkon hinauf wirft. An der Straße Goldregen und Jelängerjelieber.

Gold-Regen, wie passend, wenn seine Blütentrauben Gold ausschütten; was für ein trefflicher Name auch für das Geißblatt: Jelängerjelieber – *honeysuckle* auf Englisch, man sieht und hört die Bienen. Flieder und Etagen-Schneeball blühen an der Seite, der »Lämmerschwanz« im kargen Boden neben der Auffahrt, immer noch da, wo er zur Großelternzeit stand – könnte es sein, dass es noch der alte ist? Hinten prangen Azalee, Ginster und Schneeball – von all dem kleineren Geblühe rede ich erst gar nicht.

Doch es ist nicht die Blütenfülle, die überbordende Pracht, die einen so berührt, im Grunde ist es die Herrlichkeit des Grüns. Jahr um Jahr und, wenn man so will seit hundert Jahren, erscheint um mich herum nach der Winterdürre das Grün. Wenn ich von meinem Schreibtisch nach draußen schaue, ist mir, als wäre ich in einem der großformatigen Bilder des Fotografen Thomas Struth untergetaucht, »Paradiese« nennt er sie. Grün und nochmal grün; neu und frisch und hoffnungsfroh und in allen nur denkbaren Schattierungen. So kann ich einmal den Klimawandel beiseiteschieben, die Angstmacher Feinstaub, Mikroplastik, CO_2 vergessen.

Beiseiteschieben kann ich eines aber nicht, das Alter. Jahr um Jahr die kleinen Abschiede. Das Sehen, das Hören, die Beweg-

lichkeit – das allmähliche Schwinden, gegen das es kein Allheilmittel gibt. Die Beweglichkeit auch der Gedanken. Wäre es nicht
ein langsamer Prozess, wäre es schwer zu ertragen. Vor allem das
Gedächtnis; Zettelwirtschaft allüberall im Haus.

Und rundum die Natur, die sich – scheinbar endlos – erneuert;
dass aber ich und du und viele mir liebe Menschen sich nur in
die eine Richtung bewegen, nämlich aufs Ende hin, sich daran zu
gewöhnen und es auszuhalten, ist mühevoll, manchmal auch
quälend. Angst aber ist ein schlechter Berater, weder was unsere
Erde noch was den Einzelnen betrifft, Angst nimmt den Verstand,
bereitet Verschwörungstheorien den Boden, Angst unterdrückt
die Selbstreflexion und die Kreativität. Dass die scheinbar endlose
Selbsterneuerung der Natur, das immer und immer wieder neue
Grünwerden, nicht mehr zwangsläufig geschieht, müssen wir
auch begreifen.

Was hilft?

Beschwichtigen nicht. Aber es lohnt, im einfachen Leben Sinn
und Genuss zu finden und den Anspruch auf Produktivität und
ständiges Wachstum, auf »höher, schneller, weiter« aufzugeben. Es
lohnt, eine Einfachheit zu entdecken, wie sie Henry Thoreau
schon Mitte des 19. Jahrhunderts pries, und lebte, und genoss:
»Die wahre Ernte meines täglichen Lebens ist etwas so Unbe-
rührbares, so Unbeschreibliches wie die Himmelsfarbe am Morgen
oder Abend; sie ist eine Handvoll eingefangenen Sternenstaubs,
ein Stückchen Regenbogen.« Zum Weinen schön.

Als wir vor vielen Jahren mit dem Gärtnern begannen, las ich
Helga Schütz' Buch *Dahlien im Sand* zum ersten Mal, eine Beschreibung ihres brandenburgischen Gartens, nicht weit von unserem
entfernt, ähnlich von Bodenbeschaffenheit und Bedingungen. Damals hatten wir noch hochtrabende Ideen, alles haben zu wollen,
den blauesten Rittersporn, die üppigsten Rosen, das saftigste Gras.
Die Fotos der Pflanzen im Buch waren so simpel, so kärglich, ich
war enttäuscht, was soll da der Pippau, der spärliche Phlox, der
blühende Giersch? Ich legte es weg, schwelgte im bunt illustrier-
ten *Mein schöner Garten*. Nun nehme ich Helga Schütz' Garten-
buch wieder zur Hand und finde es gerade richtig, geradezu beruhigend. So soll es sein. Was wachsen will und unter bestimmten

Voraussetzungen wachsen kann, darf wachsen, vielleicht sogar gedeihen. Behutsam greift die Hand der märkischen Gärtnerin ein, maßvoll ist die Düngergabe. Voller Sympathie betrachte ich jetzt die Fotos der alten Bäume und der kleinen Pflanzenwunder im Licht und im Schatten. Einfachheit und Angemessenheit. Man atmet und verweilt, man akzeptiert das Krumme und Schiefe, heißt es auf dem Schutzumschlag. So soll es sein.

Die Japanische Kirsche vor unserem Haus hat schon einen dicken rosenfarbenen Teppich auf dem Weg zu unserer Haustür ausgebreitet; nicht lange, und es werden die Blütenknospen fürs nächste Jahr zu ahnen sein. Der namenlose Kirschbaum bildet schon Früchte, erst grün, später schwarz, darin die Samen der Nachkommenschaft. Ich mag mich nicht vom Mainstream der Weltuntergangsszenarien mitreißen, nicht von Ängsten überschwemmen lassen; ich möchte die Hoffnung bewahren, dass gute Zukunftsbilder möglich sind. Kulturpessimismus bringt nichts, wenn wir in ihm verharren.

Zum Weinen schön war auch das Konzert des Wolgograder Knabenchores in der Kirche in Schlachtensee, geistliche Gesänge und russische Lieder, die Sänger so konzentriert, die Stimmen so rein, dass mir die Tränen kamen. Die Klarheit der Knabenstimmen vor dem Stimmbruch. Ich hätte zuhören können ohne Ende und darüber nachsinnen, warum mich die russische Musik so bewegt. Doch schon nach einer Stunde war Schluss, die Jungs müssen zeitig ins Bett, zumindest die kleinen mit den Engelsstimmen, die einen weinen lassen.

3. MAI

Beim Bereiten des Essens hatte ich das charmante Wort »Honeysuckle« und Edith Holdens Naturzeichnungen im Sinn, und vor dem inneren Auge blühte und grünte und duftete das Geißblatt, die Bienen gebärdeten sich wie betrunken, und da war eine vage Erinnerung an lange Vergangenes so dominant, dass mir die Milchmischung überkochte, der Sud fürs Gemüse, und das Ceranfeld überschwemmte. Es gab Hopfensprossen, die ich gestern an der Stammbahntrasse erntete, geschmorte Champignons und

Spätzle mit Käse, wobei Letzteres, da waren wir uns einig, als Beilage nicht passte, aber farblich war es einwandfrei.

Immer gibt es den Kaffee nach dem Essen und den kurzen erfrischenden Mittagsschlaf.

Seit 1838 verkehrte die ›Stammbahn‹ zwischen Berlin und Potsdam, doch erst mit der zunehmenden Besiedelung Kleinmachnows in den 30er Jahren des 20. Jahrhunderts entstand die Notwendigkeit, hier auch einen Haltepunkt einzurichten. In meinem Geburtsjahr 1939 öffnete im Juli die Station Düppel mit zwei Seitenbahnsteigen.

Da fuhren die Züge noch mit Dampflokomotiven. Irgendwo muss eine Fußgängerbrücke aus Holz das Gleisbett überquert haben, ich glaube, mich zu erinnern; die weiße Dampfwolke, das Herzklopfen, als wir Kinder da oben standen und unter uns die Lok vorbeifauchte. 1948 begann der elektrische Betrieb; die S-Bahn zwischen Düppel und Zehlendorf war die Verbindungsader nach Berlin, von der Landidylle zur großen Stadt. Wie oft bin ich während der vier Jahre, in denen ich die Schule in Zehlendorf besuchte, vom Elsternstieg bis zum S-Bahnhof Düppel gerannt, um die Bahn, die in größeren Abständen verkehrte, zu erwischen. Atemlos auf der harten Holzbank im Nichtraucher-Abteil. Der Zug fuhr durch Waldstücke, Wiesen und Felder, auf denen im Sommer das Korn stand.

Als es, bedingt durch den Mauerbau, kaum noch Fahrgäste gab, wurde die Bahn 1980 eingestellt. Der Natur überlassen geriet die Trasse in Vergessenheit. Heute ist nichts mehr da außer dem kaum mehr zu erahnenden Bahndamm und einigen Gleisfragmenten; ein ›Lost Place‹, von Buschwerk und Gras, von Brennnesseln, Brombeeren, Traubenkirschen, Geißblatt und aufgeschossenen Bäumen durchsetzt und überwuchert. Vierzig Jahre sich selbst überlassene Natur. Ein Spazierweg, der stellenweise nur ein Trampelpfad ist, führt bis fast nach Zehlendorf, wo er an einer Graffiti-Spraymauer im Gebüsch endet. Nach den vielfältigen Grüntönen plötzlich Farbe. Ein junger Mann, den Rucksack voller Dosen, sprüht große Buchstaben auf die Wand, ein lila H und ein lila B, und erzählt uns Spaziergängerinnen, wie das so geht mit dem Sprühen, dem legalen und illegalen und der Katz- und

Maus-Jagd mit der Polizei. Einer der sprayt, ist ein »Writer«, das Werk ein »Piece«. Wenn es fertig, vollendet ist, wird es fotografiert, erst dann, so der Codex der Szene, darf ein anderer es übersprühen.

Da wächst nun zwischen all den Ruderalpflanzen auch der Hopfen, das herbe Naturgemüse, dessen Triebspitzen ich abknipste; man ernte sie, solange sie jung sind und zart.

Und da nahm ich auch das Wort *Taraxacum* in meinen Wortschatz auf, das mir meine gescheite Begleiterin mit auf den Heimweg gab: der Löwenzahn oder die Butterblume, aus der wir Kinder Kränze flochten, deren Milchsaft an den Fingern klebte, aber jetzt musste ich zu Hause gleich nochmal im Pflanzen-Wörterbuch nachsehen, auf welchem der drei A die Betonung liegt. *Taráxacum*, ein Wort, das mir schmeckt, arabischer Herkunft mit der gleichen Bedeutung wie das französische Pissenlit – harntreibend ist der Löwenzahn. *Taraxacum*, ein Daktylus: ein beschwingter Versfuß, den Barock und Klassik liebten; auf die betonte folgen zwei unbetonte Silben, nach dem Auftakt ein großer Schritt, zwei kleine – Tanz, Bewegung, Freude.

Und heute finde ich in Shakespeares *Sommernachtstraum* endlich auch die »süßen Blütenranken« des Geißblatts und die Ranken des Efeus, die »weiblich zart« den Ulmenbaum umschlingen. So auch gesehen auf der alten Stammbahntrasse, nur Ulmen sah ich nicht.

8. MAI

Mein wöchentlicher Sporttag. An der Kastanie gegenüber dem U-Bahnhof, die der pensionierte Doktor so geduldig von Tackerklammern befreite, hängt wieder ein Plakat, deutlich sehe ich das Metall.

Als ich kurz zuvor an der Bushaltestelle ›An der Stammbahn‹ wartete, hatte ich Zeit, den Bewuchs auf dem Grünstreifen zwischen Haltestelle und Marktplatz zu betrachten. Ausschau hielt ich nach *Taraxacum,* denn so wie einem scheinbar aus dem Nichts Melodien in den Kopf steigen, tauchen bei mir auch Wörter auf. Ein besonderer Rhythmus, eine Bedeutung. *Taraxacum.*

Kyklaminos. Mit Wörtern spielen wie Kinder, wenn sie das Sprechen lernen, schon da beginnt die Poesie der Sprache. Später wird dann alles ziemlich prosaisch, und die Wörter verlieren bei den meisten – zum Glück nicht bei allen – das Poetische, das Tanzen, die Wendigkeit, die Selbstverliebtheit. Ich suchte *Taraxacum,* fand stattdessen am Wegrand bei der Haltestelle Sauerampfer, Spitzwegerich, Nelkenwurz, Storchschnabel, Hirtentäschel und Fadenehrenpreis zwischen Gräsern, die ich nicht benennen kann, außerdem Schafgarbe und gelben Steinklee. Wie bildhaft die deutschen Namen sind. Löwenzahn: Blätter wie ein Raubtiergebiss. Wegerich: das Kraut am Weg. Das Provianttäschchen des Hirten, der Preis der Ehre.

Was mich am meisten beeindruckte, war ein klitzekleines Pflänzchen vom Klatschmohn in einer Pflasterfuge, nicht mehr als eine Handbreit hoch der Stängel über einer Andeutung von Blattrosette, und doch mit allem was zum Klatschmohn gehört, der uns im Sommer verhext, wenn er ein Kornfeld mit glühendem Rot überzieht; hier aber war alles wie eine Miniatur in einem mittelalterlichen Stundenbuch. Die behaarten Kelchblätter sind abgefallen, die Knospe hat sich aufgerichtet, die Kronenblätter haben sich entfaltet und geglättet, schwarze Staubfäden und ein winziger Fruchtknoten, der die Mohnkörner schon birgt, zieren die Mitte der kleinen Blume. Andeutung einer Blume. Über dem Pflasterstein leuchtet, klein wie ein Mäuseohr, die rote Blüte. Ein Samenkorn hatte den denkbar ungünstigsten Platz erwischt, und war doch gekeimt und zu einem Pflänzchen geworden mit Blüte und Samenkapsel voller Voraussicht und Vorahnung auf günstigere Zeiten.

10. MAI

Es ist noch nicht so lange her, aber doch zu lange, dass Lutz und ich täglich einen gemeinsamen Gartenrundgang machten. Alles anschauen, sich freuen, dabei auch feststellen, was geändert werden soll oder dringend getan werden muss. Eine Art Spazierengehen nur zum Schauen und auch zum Benennen der Gewächse und damit eine gute Übung gegen das Vergessen der deutschen oder lateinischen Pflanzennamen. Die einzige Spielregel des Rituals: keine Gartenschere, kein Schippchen, keinen Bindedraht mitnehmen, damit aus dem Rundgang nicht gleich wieder Gartenarbeit wird. Diese Gemeinsamkeit ist uns verlorengegangen; jeder macht seins, und da der Garten so groß ist, verliert man sich leicht aus den Augen; die Gartengespräche am Frühstückstisch sind meistens nur Arbeitsplanungen.

Wir hatten auf unseren Rundgängen nicht nur das Detail, sondern immer auch das Größere im Auge. Wo gibt es Durchblicke, wo ist das Ganze durch Buschwerk oder einen Baum zu sehr verstellt, was ist dagegen zu tun, wo mag man sitzen und in die Gegend schauen. Seit wir die Hollywoodschaukel aus der hinteren Gartenecke in die Mitte des Gartens gestellt haben, befindet sich mein Lieblingsplatz unter der Trauerbirke, wo wir auch mal zu zweit sitzen, am Rand des riesigen Gewölbes aus Blattgrün und weißgefleckter Krone. Hinter uns Fliedergebüsch, Waldgeißbart und anderes Grün, vor uns der Blick durchs Hängegezweig auf die weiße Fassade vom Haus mit seinen hellblauen Fensterläden, über denen jetzt die Glycinie blüht. Dasitzen und bei leichten Schaukelbewegungen schauen, nur schauen, allein oder zu zweit. Schaukeln sei gut für alte Leute, habe ich gelesen, wegen der sanften Bewegung der inneren Organe. Mag sein; ich liebe den Platz, weil ich von allem zwar in Sichtweite bin, aber nichts mich zum Arbeiten, zum Gießen, Jäten, Harken, Hacken auffordert.

Von diesem Platz aus habe ich Haus und Garten fotografiert. Zum Vergleich, denn es gibt ein Schwarzweißbild von 1927, darauf ein Kubus mit kleinteiligen Fenstern, Schlagläden – früher waren sie grün – und einer Veranda an der Seite. Ein Haus ohne sichtbares Dach, ein Haus ohne jeden besonderen Reiz. Für ein Ziegeldach hatte das Geld nicht gereicht. Der Garten flach und ebenfalls reizlos, auf dem Hof ein zierlicher Lindenbaum, ein Weidenstämmchen neben der Veranda, ein paar gut im Laub stehende Obstbäume. Das war der Anfang. Ein paar Jahre später wurde das Doppelwalmdach aufgesetzt, rote Ziegel und an drei Seiten Mansardenfenster, doch erst 1936 fand der Innenausbau der Mansarde statt. Man habe Unterkünfte für die Besucher der Olympiade gebraucht, wurde erzählt, vielleicht gab es irgendeine

Art von Subvention. Der schöne Schwung der Gauben verschwand, als das Dach als erste Sanierungsmaßnahme nach der Wende ausgebessert wurde. Bei Renovierungsarbeiten im Inneren legten wir vor einigen Jahren die ursprünglichen Wandfarben frei, die unter Tapeten und Makulatur verborgen waren, im Südwestzimmer ein kräftiges Gelb, ein mutiges Violett in Richtung Südost. Wir haben sie bewahrt, indem wir im neuen, weißen Anstrich der Zimmerwände jeweils ein Rechteck aussparten. Die alten Farben haben ihre Frische verloren, sind verwaschen, verblichen, abgeschabt, verblasst wie eine Notiz in einem vergessenen Heft. Es gibt Risse und Schrunden, man sieht Löcher von eingeschlagenen Nägeln, Rudimente von Zeitungsmakulatur mit Buchstabenfragmenten. So gewannen die Wandbilder ihren Reiz durch die Zeit, die über sie hinwegging, wurden vielfältig durchscheinend und erinnern mich an die Farbfelder in Mark Rothkos Gemälden.

Was von Anfang an da war – die alte Fotografie bezeugt es –, ist der Weinstock, den es bis heute gibt. Es ist eine wüchsige raumgreifende Rebe mit kleinen, dunkelblauen Beeren. Mein Großvater hatte sie aus Schöneberg mitgebracht, wo die Familie bis zum Umzug nach Kleinmachnow wohnte und wo er in einer ehemaligen Leichenhalle seine Tischlerwerkstatt betrieb. Die Halle gehörte zur Maison de Santé, der Psychiatrie; »Irrenanstalt« nannte man das 1861 errichtete Haus. Es war die erste »Kur- und Nervenheilanstalt« Berlins, und was man über die Heilmethoden nachlesen kann, möchte ich hier nicht zitieren. Dass so bekannte Persönlichkeiten wie der Zitatensammler Georg Büchmann und Johann Anton Wilhelm von Carstenn, der Gründer der Villenkolonien in Lichterfelde und Friedenau, zu den Insassen zählten, macht mir den alten Rebstock zusätzlich liebenswert. Der Gesundheitseffekt insbesondere dunkler Trauben durch die Antioxydantien ist bekannt. Maison de Santé.

Noch bevor im Garten der Großelternzeit die Obstbäume groß genug waren, um reichlich Früchte zu tragen, gab es also den Wein. In der Veranda standen große Glasballons, in denen es im Spätsommer blubberte und gärte, Fruchtfliegen sprenkelten die Wand. Wie mag das Produkt geschmeckt haben, wenn jemand, der keine Erfahrung hat, anfängt zu keltern? Den Namen der Sorte haben wir erst erfahren, als unser badischer Weinhändler sie sah und probierte, es sei die *Uva Americana*, die frost- und pilz- und reblausresistente Erdbeertraube. Nach Erdbeeren schmeckt sie tatsächlich, nach Walderdbeeren.

12. MAI

Wir haben uns verabredet und einen Gartenspaziergang geplant, es ist Sonntag, und unsere Tochter, die uns über den Weg lief, machte ein Foto. Die alten Eltern, hat sie vielleicht gedacht, noch ziemlich fit, noch machen sie den Kindern keine Sorgen. Wir gingen ums Haus herum, liefen zum Gartentor, traten auf die Straße, denn dort gibt es die Überraschung des Frühjahrs: Eine Nachtigall, nein mehrere, sie singen sich zu. Grenzen am Tag durch lautstarkes Pfeifen, Trillern und Schnarren ihr Revier ab, singen nachts das Dunkle vom Himmel herunter, um ein Weibchen, das den Rückflug später antritt, durch ihren Belcanto zu verführen. Wer am lautesten singt, kriegt zuerst eine ab. Wir stehen am Zaun und sind verzaubert.

Meine Annahme, das zugewachsene Grundstück gegenüber sei für die Brutpflege nicht mehr geeignet, hat sich als falsch erwiesen. Es ist ja denkbar, dass nicht nur Eichelhäher, Elstern und Spechte, die seit langem in unsere Gärten kommen, ihre Gewohnheiten und ihr Habitat ändern. So stehen wir am Sonntagmorgen am fremden Gartenzaun und lauschen. Ein Stück Naturwald, tausend Quadratmeter Klimaschutz im zunehmend dichter besiedelten Ort. Der Gartenrundgang findet später statt.

Auch ein Kuckuck war zu hören.

16. MAI

Wenn es geregnet hat, und es hat kräftig geregnet in der Nacht und heute den Tag über, gehe ich mit einem Bambusstöckchen herum und klopfe die Pflanzen ab. Vorsichtig an den Stiel unterhalb der Blüte klopfen, damit die schweren Wassertropfen herabfallen. Die Blüte, eben noch beinahe den Boden berührend, richtet sich auf. Es betrifft alle Gewächse, deren Stängel zu schwach

sind, zurzeit sind es Allium, Johannisknöterich und die Strauch-
päonien. Auch die Zweige vom Blumenhartriegel bekommen
einen Stups.

Keine Sonne, feucht und kühl die Luft. Die Erde ist dunkel
geworden, nach der langen Trockenperiode atmen die Pflanzen
auf. Das Laubwerk, das seine vielfältigen Frühlingsschattierungen
nicht mehr hat, ist jetzt grün, nur noch grün. Wo es nichts Blü-
hendes gibt, lassen die Strukturen der Pflanzen und ihre vielge-
staltigen Blattformen das Auge wandern. Büschel, Horste, Ranken,
Rosetten, ein Korpus aus Stängelgewirr. Die Blätter lanzettlich,
oval oder rund. Gezackt, gezahnt, gebuchtet, gefiedert. Die Nadeln
der Immergrünen.

Eine unserer ersten Stauden war der Johannisknöterich, *Poly-
gonum sericeum,* der es mir im Foerstergarten mit seinem röt-
lichen Laub und der weißen Duftwolke angetan hatte. Jetzt finde
ich ihn im Katalog unter dem Namen Johanniswolke. Steht er im
Mai in voller Pracht, hängt er, wenn es regnet, bis zum Boden
herab, die Stängel knicken ab. Seidenknöterich wird er auch
genannt. Ob sein Duft lieblich ist oder penetrant, ist Ansichts-
sache.

Ein bisschen albern kam ich mir immer vor bei meinen Gar-
tengängen mit dem Bambusstock, bis jemand erzählte, er habe in
Bornim im berühmten Foerstergarten eine »alte Dame« beobachtet, wie sie die Stauden und Sträucher nach einem Regenguss
mit einem Stock oder einer Gerte anstupste – was machte sie da?
Ich konnte die Sache erklären. Vielleicht gibt es inzwischen
einige Pflanzenstupserinnen.

22. MAI

Heute, an meinem Sporttag, habe ich geschwänzt, weil ich gestern
für verschiedene Besorgungen, unter anderem Löwenmäulchen
fürs Staudenbeet, große Strecken mit dem Rad gefahren bin, nach-
mittags dann geharkt, gepflanzt, am Strauchwerk rumgeschnippelt,
da darf dann der Sport auch mal ausfallen.

Jetzt, wo das Jahr schon bald wieder seinen Höhepunkt über-
schreitet, wo die Mauersegler zurück sind und Rastlosigkeit in

den Himmel bringen, muss ich mich fragen, was aus meinem Vorsatz vom Jahresbeginn, der Faulheit, geworden ist. Gemächlichkeit, Müßiggang, Untätigkeit.

Was will ich heute tun? Mich ausruhen, in die Gegend schauen, träumen, mich wohlfühlen. Ich nehme es mir vor. Es geht nicht. Es regnet, ich bleibe im Haus.

Betten beziehen, die Kamelhaardecken gegen Wildseide austauschen, die Waschmaschine füllen, bei der Gelegenheit den Staub unterm Bett beseitigen, die große Tischdecke für ein kommendes Event bügeln, zwischendurch etwas schreiben, etwas recherchieren, Post anschauen, mittags Spargel und Omelett.

Die heilige Mittagsruhe. Ich denke übers Nichtstun nach. Da der Mittagschlaf zum Ritual wurde, fällt er nicht unter »Faulheit«. Ist die halbe Stunde vorbei, läuft wieder das Programm. Ist der Regen vorbei, muss ich raus. Äste und Fichtennadeln zu Haufen harken. Nach den Löwenmäulchen schauen, dabei ein namenloses Unkraut, das üppig gedeiht, entfernen. Wicken hochbinden, Lindenzweige stutzen, zwischendurch nochmal an den PC. Später Teetrinken, Gespräch über die geplante Salzburgreise, bin ich ausreichend vorbereitet? Und das alles nicht aus Arbeits- oder besonderem Ordnungssinn, sondern weil es getan werden muss, und weil es gut ist, Dinge erledigt zu haben. Oder hat mich wieder das »Wie sieht das denn hier aus?« gepackt? Es ist noch nicht lange her, dass ich mir diese Frage stellte.

Wie man lebt, wie man seinen Alltag gestaltet und wie man das beurteilt und ob man sich dabei wohl fühlt, ist doch nichts als eine Frage der Auslegung. Ein Kind kann in den Augen des Betrachters ein liebenswerter Zappelphilipp sein oder ADHS-gestört, ein Erwachsener rührig und munter oder ein Workaholic. Man suche sich eins aus.

23. MAI

Sieh es mal so. Sich den kleinen Dingen zu widmen, tut gut. Wenn etwas erledigt ist, etwas Alltägliches im Hier und Jetzt, wächst aus der Zufriedenheit neue Kraft. Und da das Hier und Jetzt kleinteilig ist und dazu meistens von Einfachheit bestimmt,

gibt es viele Augenblicke der Zufriedenheit, eine Kette von Glücks-
momenten sozusagen. Hätte Karoline, meine Mutter, als Herrin
über Haus und Garten in der Kriegs- und Nachkriegszeit und
danach in der DDR, als privater Grundbesitz einer Gesetzesüber-
tretung gleichkam, ihre Kräfte nicht sowohl fürs Kleine wie auch
fürs Große eingesetzt, um Haus und Garten zu erhalten, wäre
unsere Geschichte anders verlaufen. Mietverträge, Behörden-
gänge, Bankgeschäfte, Beziehungsarbeit, blieb da überhaupt Zeit
für ›Glücksmomente‹?

Während ich schreibe, fällt ein später Sonnenstrahl auf eine
Blütenrispe der schon im Abendschatten stehenden *Heuchera*, so
dass die rosahellen Blüten wie ein Diamantschmuck aufblitzen.
Das kleine Alltagsglück; Hygge hieß es im letzten Jahr, jetzt heißt
es Ikigai. Purpurglöckchen heißt die Blume. Geht es mir zu gut?

28. MAI

Kleine Reise nach Dresden letztes Wochenende.

Ein Bild in der Gemäldegalerie bleibt mir im Sinn, Canalettos
Altmarkt von Dresden: Ein gepflasterter Platz im späten Nach-
mittagslicht, die Schatten schon lang, hinten der Turm der Kreuz-
kirche. Hausfassaden, Fuhrwerke, Menschen. Graue, braune und
olivfarbene Töne, kein Canalettoblau. Und dann haftet der Blick
an einem hellen Fleck am Ende der Häuserreihe. Da ist ein kleines
Haus, dessen Weiß hervorquillt aus dem allmächtigen Grau, es
zieht den Blick an, zieht den Betrachter hinaus ins Offene. Ein
Hoffnungsfleck, ein Quäntchen Ahnung einer Zukunft. Ein Fenster
zum Licht. Man sieht es, wenn man sich Zeit lässt und auf die
Bildsprache hört.

Die Malerei noch im Kopf, gehe ich nun durch unseren Garten. Ich versuche, nicht am Kleinkram hängen zu bleiben, nicht
zu gießen, zu zupfen, Blattläuse abzustreifen. Das Ganze sehen,
und dann den Blick hinaus suchen – wo öffnet sich dieser große
grüne, blühende Garten? Der erste Blick ist verstellt: Büsche,
Hecken, Rhododendron in veilchenlila, burgunderrot und weiß,
die perlmuttfarbene Kolkwitzie hier, da ein ausladender Bambus.
An einer Seite die alten Fichten, an der anderen Flieder, Blut-

pflaume und Schneebeerendickicht. Ein *hortus conclusus,* ein um-
friedetes Paradiesgärtlein? Nein. Gäbe es nicht die weite Rasenfläche, beruhigend in ihrer Einfachheit, fühlte ich mich bedrängt.
Wie gut, dass vorne das Gartentor aus Großvaters Werkstatt den
Blick freigibt, du siehst, wer kommt, wer geht, wer bleibt. Wie
gut, dass dieses Tor fast nie verschlossen ist. Auch die Nachbar-
häuser schimmern hell und grüßen mich durch all das Grün,
Neubauten und alter Bestand, und ich liebe es, abends im Dunkeln draußen herumzugehen und die Lichter der anderen und
unsere eigenen zu sehen.

31. MAI

Eigentlich war das einfache Leben schon immer mein modus
vivendi. Das Neugeborene, das nackt in der Sonne liegt, das Klein-
kind, das barfuß seine ersten Schritte wagt: auf den steinigen Weg,
durchs weiche Gras, in die Regenwasserpfütze. Das Einzelkind,
das ohne Geschwister aufwächst, dafür aber mit Mama, Papa, Oma,
Opa und vielen Tanten, Onkeln, Cousinen, die im Sommer zum
Kaffeetrinken kommen, Malzkaffee. Nur Papa war meistens woanders, meistens im Krieg; als der begann, war das Kind erst ein
paar Monate alt. Es folgte eine Zeit der Notbehelfe, Jahre, die
alles andere als »einfach« waren. So gut wie kein Spielzeug, keine
Bilderbücher, die Mutter erfand Märchenhaftes, der Vater, wenn
er Urlaub vom Krieg hatte, erzählte Abenteuer. Ein Kleid aus der
Fahne, Unterhosen aus einem Sack, die Winterjacke aus gefärbtem
Uniformstoff. Als Fibel zum Lesenlernen diente eine handge-
schriebene Kopie des einzigen neuen Schulbuchs, das die Lehrerin
den Eltern zum Abschreiben lieh. Die Schulbücher des Dritten
Reichs hatten ausgedient.

Ich erinnere mich an einfache Mahlzeiten, an Hunger erinnere ich mich nicht. Korn wuchs auf der einstigen Rasenfläche
vorm Haus, hinten stand der Mais. Ein Feld mit Speisemohn,
Kartoffelfurchen, Hügel mit Spargel. Kaninchen, Hühner, Tauben,
später auch mal eine Gans. Ein Schwein wurde heimlich ge-
schlachtet. Es gab ihn, den Sonntagsbraten. Fette Ziegenmilch
kauften wir eine Straße weiter bei einer Frau im Jägerstieg. Ich

war ein rachitisches Kriegskind, jeden Tag zog ich mit der Blech-
kanne los, ein halber Liter für teures Geld. Nicht trödeln, nicht
herumspielen, nicht die Milch verschütten. Im Grunde war es ein
reiches Leben – wäre da nicht der Krieg gewesen und was danach noch kam.

Milchnudeln

Als es Milchnudeln gab, waren die bizarren Essgeschichten der
Nachkriegszeit beinahe vorbei – auf dem Bügeleisen gebackene
Hirschhornplätzchen, mit buntem Zucker überzogene Weizenkörner,
Schlagschaum als Sahneersatz und zum Geburtstag eine Rote-
Grütze-Lotterie.

Es muss kurz nach dem Kriegsende schon wieder Strom gegeben haben, um das Bügeleisen zu benutzen, vielleicht gab es
kein Gas für den Herd, und der mit Holz beheizte Ofen hatte keine
Backröhre. Also Plätzchen auf dem Bügeleisen, ein einfacher Teig
ohne Ei, nach dem Backen mit Zuckerguss bepinselt. Ich meine
mich zu erinnern, dass die Plätzchen wie ›Amerikaner‹ schmeckten,
vielleicht sollten es ›Amerikaner‹ sein, aber wir lebten in der russischen Zone, da gab es anderes Gebäck. Einmal gelang es meiner
Mutter, beim Kaufmann Oertel etwas, das nach Süßigkeit aussah,
zu bekommen, kleine bunte Kugeln, Liebesperlen ähnlich. Doch unter
der bunten Zuckerschicht einer jeden Perle kam ein hartes Weizen-
korn zum Vorschein, das sich nicht zerbeißen ließ. Also Lutschen,
Spucken, Lutschen, Spucken. Die Körner wurden nicht weggeworfen,
da bin ich mir sicher, irgendetwas ließ sich daraus machen.

Als ich Geburtstag hatte und an Kuchen nicht zu denken war,
kochte meine Mutter Rote Grütze – Beeren gab es im Garten zur
Genüge und Eingemachtes im Keller –, und sie goss die heiße Speise
in verschieden geformte Behältnisse, hoch und schmal wie ein Hut,
breit oder eckig oder sternförmig, die später gestürzt, mit einer
Blume verziert und mit Nummern versehen wurden. Jedes Gast-
kind zog ein Los, keiner maulte oder mäkelte, sie aßen den selben
Pudding in unterschiedlicher Gestalt. Das waren Geburtstagsfreuden
im Jahr 1945. Ich wurde sechs.

Später fand im Gemeindehaus im Jägerstieg eine Speisung für
Kinder statt, die die Amerikaner, vielleicht die Quäker, finanziert
hatten. Ich spüre noch den Duft der Käsebrötchen und schmecke
den Kakao, eine Wonne, die ich nicht vergessen habe. Zu Hause
gab es an Festtagen als Sahneersatz den schaumig geschlagenen
Saft von eingeweckten Stachelbeeren, eine süß-säuerliche, luftige

Creme. Wie Schlagsahne schmeckt, wusste ich noch nicht. Und auf dem Rummelplatz an der Eigenherdschule verkauften sie in Pappschalen faden, schnell zerlaufenden Schlagschaum, auch ein Ersatzprodukt, den die frechen Jungs einem Mädchen mit dünnem Haar auf den Kopf schmierten.

Als ich Anfang der fünfziger Jahre in die Westberliner Schule ging, fuhr ich jeden Tag mit der S-Bahn nach Zehlendorf, wo es am Bahnhof in einem Kiosk die gelben Storck Riesen gab, einzeln verpackte Sahnebonbons. Da begann auch die Zeit der zerkochten, viel zu süßen Milchnudeln oder der matschigen Haferflockensuppe, in der wie hineingefallene Fliegen dick aufgequollene Rosinen schwammen. Es war mir ein Graus, ich war klein und dünn, und die Portionen, die eine stämmige Kochfrau mit ihrer Riesenkelle in mein mitgebrachtes Blechgeschirr schöpfte, waren viel zu groß. Ich quälte mich, alles aufzuessen, musste nachsitzen, weil ich mein Töpfchen nicht leer gegessen, sondern heimlich zugedeckelt hatte, was entdeckt wurde, es hatte mich jemand verpetzt. Danach gab mir meine Mutter ein kleineres Essgefäß mit, das war eine gute, barmherzige Tat.

1. JUNI

Haydn und Schostakowitsch. So viel geht mir durch den Kopf nach diesem Konzert in der Philharmonie. Ein gewaltiges Orchester, das die Arena bis zum Rand, bis vor die Füße der Zuhörer auf den Podiumsplätzen füllte, eine großartige Aufführung der 7. Symphonie von Schostakowitsch. Der Dirigent Michael Sanderling ist der Sohn des verstorbenen Kurt Sanderling, der in der NS-Zeit nach Russland emigrierte, der die Siebte in Leningrad, an ihrem ›Spielort‹, aufführte. Im Berlin des 21. Jahrhunderts, an einem schon sommerlich hellen Abend, ist diese Musik kaum zu ertragen. Wie der Komponist die Belagerung Leningrads durch die Deutsche Wehrmacht, die 900 Tage dauerte, in Musik übersetzt – Bomben, Artilleriebeschuss, Hunger, Kälte und tausendfaches Sterben –, eine Gewalt, die alles zertrampelt. Wie in dem Inferno kleine Melodien aufleuchten, Motive der Hoffnung, die Sehnsucht nach Frieden und die Gewissheit eines Endes. Wie Schönheit zerschlagen, Anmut zerhackt wird, Zartheit zertrampelt. Und immer die kleine Trommel mit ihrem unbarmherzigen Rhythmus – es gibt kein Entrinnen. Als Schostakowitsch 1942 das Stück komponierte, war der Sieg nicht mehr als eine vage Hoffnung.

Eine Symphonie, die einen erschlägt. Immer wieder hatte ich auch die Kriegsbilder aus Syrien im Kopf, die abends zu uns ins Wohnzimmer kommen. Wie harmlos nett dagegen Haydns Zweites Cellokonzert, wie weit entfernt von dem, was das 20. Jahrhundert an Grauen entfacht hat.

2. JUNI

Und mir geht es so gut.

Heute über dreißig Grad, wir sitzen unter der Birke, trinken Tee, reden, tun nichts. Machen auch keine Pläne.

Und am Abend auf der Terrasse, die Beine hochgelegt, schaue ich in den Himmel, der allmählich dunkler wird, eine kleine weiße Wolke hebt sich ab, der Abendstern beginnt zu funkeln. Fledermäuse fliegen lautlos und scheinbar ziellos umher. Ein Flugzeug mit hellen Scheinwerfern zieht seine Bahn in Richtung Schönefeld, und ich stelle mir die hundert Menschen vor, die dort oben auf engstem Raum ihrem Ziel entgegengeflogen werden, spüre die Enge, die Nähe, die keine ist, die fade, fremde Luft und bin so froh, hier unten zu sein.

Die Mauersegler sind da, doch es sind wenige in diesem Jahr.

4. JUNI

Große Hitze, beinahe 35 Grad.

Die ersten Taglilien blühen, es ist die duftende Sorte *Citrina*. Perlenschnüre aus Amethyst sind die meterlang herabhängenden Blütenrispen der *Buddleia alternifolia,* auf denen sich Schmetterlinge tummeln. Der beinahe strenge Duft verführt nicht nur uns, hinzugehen und zu bewundern, er betört auch die Insekten. Gestern flatterten dort Distelfalter, eine nie gesehene, riesengroße Schar. Aus Nordafrika kommen sie, man sieht es an den zerrupften Flügeln und kann es kaum glauben, fliegen in tausend Meter Höhe übers Mittelmeer. Hundertfaches Geflatter, schwarze und weiße Sprenkel auf sandfarbenem Grund. Wie betrunken torkeln und schwirren sie umher, und man kann nahe herangehen und zusehen, wie sie die fadendünnen Rüssel in die Blüten schieben.

Über der Basisnote Komposthaufen steht der heitere Duft vom Holunder, der doch auch ein Wunschbaum ist, gleich daneben flimmern rosa Blüten zwischen blauem Laub, die Hechtrose. Ungefragt hat sich der Holunderbaum da vor Jahren postiert, und weil man sagt, ein Komposthaufen brauche den Holunder, ließen wir ihn stehen. Wo unter einem alten Laken die noch nicht vollends verrotteten Gartenreste lagern, gedeihen auch in diesem Jahr ein paar Kürbispflanzen von der Sorte Hokkaido. An den Trieben, die bis in den Holunderbaum hinaufwachsen werden, hängen im Herbst die Früchte wie orangerote Lampions, und ich staune immer wieder über die Haltekraft ihrer fleischigen Stängel.

Hier, wo aus Garten- und Küchenabfällen neue fruchtbare Erde wird, ist der älteste noch so belassene Ort im Garten. Hundert Jahre Komposthaufen. Hier wurde der Mist gelagert, hier wurden über die Jahrzehnte hinweg alle Garten- und Küchenabfälle kompostiert. Was schwer war, kam auf die hölzerne Schubkarre, das Monstrum aus Opas Werkstatt, gewichtig auch ohne Beladung. Steht jetzt unter der Hemlocktanne und weigert sich zu vermodern und zu Staub zu werden. Die Grube für den Kompost war gemauert, ihr Rand mit Holzbohlen eingefasst, die bei Bedarf erneuert wurden. Hier sammelte man auch den Hühnerdreck, Taubenmist und die Streu aus dem Kaninchenstall. Gedüngt wurde zusätzlich mit menschlichen Fäkalien aus der Jauchegrube. Mit einem Jaucheschöpfer holten sie die Gülle aus der Grube. Es gab eine Schwengelpumpe zum Abpumpen der Düngerbrühe, die dann durch Rinnen in die Beete und zu den Bäumen floss. Alles wuchs gut, die Johannisbeeren waren groß, die Kirschen an den Bäumen dick und rund, die Salatköpfe fest. Dass die Kinder von Zeit zu Zeit Würmer hatten, war unvermeidlich, es schien zum Landleben der Selbstversorger zu gehören. Eine Kanalisation gab es erst ab Ende der 1990er Jahre.

10. JUNI

Gartenguerilla. Ein Samentütchen vom Nabu, das ich geschenkt bekam und nicht wegwerfen wollte: Blumenwiese. Ich streute es über dem ohnehin zweckentfremdeten Erdbeerbeet aus. Dort wächst seit Jahren der mehr als die Beeren geschätzte Rukola, dazwischen reichlich wilder Rittersporn und Mohn und Verbenen, die Erdbeeren haben's schwer. Und nun wird sich da auch

noch *Calendula,* die Ringelblume breitmachen. Eine Bienen-
weide, Nabu zuliebe. Eigentlich mag ich Ringelblumen nicht.

Ringelblumen

Ich wohnte im Osten, ging aber in Westberlin zur Schule, es gab
Ost-Geld, und es gab West-Geld. Es gab Menschen, die waren sehr
viel reicher als wir. Die wenigen Kinder, die von ihren Eltern aus der
Ost-Schule herausgenommen und nach Westberlin geschickt wurden,
glaubten, sie seien etwas Besseres, ich glaubte das auch. Alles im
Westen war besser. Bunter. Geschmeidiger. Und duftete.

Meine Schulkameradin Heidrun lud mich zum Geburtstag ein. Sie
besuchte wie ich die Zehlendorfer Droste-Hülshoff-Schule. Sie nannte
ihre Geburtstagsfeier »Party«. Ich holte mir ein Sträußchen Ringelblumen aus dem Garten, und ging damit zu Heidruns Geburtstagsfeier.

Was waren da für hübsche Kinder! Was für Schmetterlinge. Mit
Schleifen und Spangen und in neuen Kleidern, und jedes hatte ein
richtiges Geschenk mitgebracht, ordentlich verpackt und mit einem
Bändchen zugeschnürt. Dass man zu Geburtstagspartys Geschenke
macht, hatte mir keiner gesagt. Zu den Feiern der Nachbarskinder
brachte man mal etwas mit, ein andermal nicht, Geschenke machen
und Beschenkt werden spielte bis dahin für mich keine besondere
Rolle. Zwischen all den Gästen der Kinder-Party stand ich mit meinen
Ringelblumen, deren Blüten sich, das ist so Ringelblumenart, bald
nach dem Pflücken geschlossen hatten, schlaff hingen die dicken
grünen Blätter zwischen meinen schwitzenden Fingern.

Da. Herzlichen Glückwunsch.

Danke, sagte Heidrun und lächelte, stopfte die Blumen zu den anderen hübschen Sträußen in eine Vase und packte das nächste Päckchen aus. Wir aßen Kuchen. Wir spielten Spiele. Und am Ende bekam
jedes Kind dann noch ein Gastgeschenk, eine kleine weiße Schachtel
mit einem blauen Parfümfläschchen, ein Flakon Soir de Paris.

Mit dem blauen Flakon ging ich heim. Die Gabe, die Heidrun mir
mit so viel sicherer Selbstverständlichkeit überreicht hatte, ließ plötzlich mein Sträußchen, meine verschwitzten Hände, meine naive Kind-
lichkeit so überaus ärmlich, so ganz und gar fragwürdig erscheinen.
War doch das kostbare Parfüm etwas, das nicht einmal meine
Mutter besaß. 4711 ja – aber Soir de Paris? Auf diesem Kinderfest
habe ich zum ersten Mal gespürt, wie es sich anfühlt, arm und dazu
unwissend zu sein. Anders sein. Nicht dazugehören. Von da an fühlte
ich mich jahrelang als das Ostzonenkind.

11. JUNI

Es gibt so Dinge, von denen hätte ich nie gedacht, dass sie mich jemals betreffen.

Nicht rechtzeitig, sondern früher als verabredet kommen. Hocker bei Museumsführungen suchen. Nach dem Treppengeländer Ausschau halten. Eine helfende Hand beim Übersteigen eines Hindernisses akzeptieren. Das Zögern, sich nach etwas Herabgefallenem zu bücken, wenn ein anderer bereits auf dem Sprung ist, es aufzuheben. Und: Zettel überall, Pläne, Notizen, Listen. Die List gegen das schlechter werdende Gedächtnis.

13. JUNI, NUR 25 GRAD

Nun kommt schon vorne am Zaun der falsche Jasmin zur Blüte, und die gelbgrünen Lindenblüten am Gartentor duften sommerlich. Die Distelfalter sind weitergezogen. Die Zeit der Fruchtfliegen beginnt. Stare betreuen ihre Brut, ebenso Gartenrotschwanz, Kleiber und Zaunkönig. Einen jungen Buntspecht sah ich im Garten. Auch zwei Grünspechte, einen jungen, einen alten.

15. JUNI, wieder sehr heiß

Die Idee, eine kleine Reise zu machen zum Geburtsort meiner Mutter, nach Salzburg, fanden wir um Weihnachten herum gut, jetzt fesselt mich die Hitze ans noch relativ kühle Haus, und die Reiselust ist klein geworden; sie reduziert sich auf das Blättern in Thomas Bernhards autobiografischem Werk und auf ein paar Gedichtzeilen von Georg Trakl:

Ein Brunnen singt. Die Wolken stehn
Im klaren Blau, die weißen, zarten.
Bedächtig stille Menschen gehen
Am Abend durch den alten Garten.

So wird es nicht mehr sein in der Touristenstadt Salzburg.

Auch Bernhards Stadtbeschimpfung wird mir fremd sein. Er gibt zwar zu, die Natur in und um Salzburg sei »ein Wunder«, die Architektur »ein Kunstwerk«, dennoch schmäht er den Ort als »Schönheits-« und »Verlogenheitsmaschinerie«, die zu nichts als zum Suizid tauge. Kindheitsmemoiren aus seiner totalitären, brutalen nationalsozialistischen Internatszeit.

Trakl und Bernhard, zwei schwierige Biografien, dennoch ein faszinierendes literarisches Werk. »Alles, was ich schreibe, alles, was ich tue, ist Störung und Irritierung«, schreibt Bernhard in seiner atem- und absatzlosen Erzählung *Der Keller,* die in Salzburg spielt. Wenn ich Zeit habe und wenn es kühler geworden ist, später, werde ich Bernhard lesen, Störung und Irritierung sind spannender als eine kurzweilige Reiselektüre. Huellebecque, den ich mitnehmen werde, ist aber auch nicht gerade leicht.

18. JUNI

Wir sind in Salzburg, es ist heiß und man sucht den Schatten der alten Mauern. Es ist heiß und ich habe Geburtstag, ein runder Geburtstag, vor dem ich durch die Reise mit meinem lieben Mann die Flucht ergriff. Lutz und ich nach dreißig Jahren wieder auf dem Untersberg, den meine Eltern so oft bestiegen, auch vom Großvater gibt es ein Foto unter dem Gipfelkreuz, wir jetzt nicht mehr zu Fuß, sondern mit der Seilbahn, die es seit Jahrzehnten dort gibt. Die erfrischende Bergluft, der Blick in die Weite, von jedem Standpunkt aus anders, und ein kurzer, zu bewältigender Anstieg zum Gipfelkreuz. Frühlingsblumen und Enzian, Schmetterlinge, die ich lange nicht sah, Schneefelder noch vom Winter, auf denen man mit den Sommerwanderschuhen rutscht. Hier oben sind die Temperaturen angenehm, hier mag man in der Sonne sitzen. Abends dann ein leichter Sonnenbrand.

Wie beruhigend, dass daheim im heißen trockenen nördlichen Garten Tochter, Enkel und Schwiegersohn, die jetzt da wohnen, wo früher die Tischlerwerkstatt war, die Beete wässern. Das Gartenwasser kommt aus dem Brunnen, den schon mein Großvater grub, damals aus knapp zehn Meter Tiefe, heute sind es zwanzig bis zum Grundwasser.

Wasser war schon immer das Wichtigste, Wasser wurde durch Brunnenbohrung beschafft, wo immer Großvater und mein Vater siedelten und Nutz- und Zierpflanzen anbauten. Zuerst eine Pumpe, die mit der Hand bedient wurde, später eine mit Motorkraft.

Wasser und Mist. Als die Zeit der Misttransporte mit dem Handwagen von Berlin-Schöneberg nach Kleinmachnow vorbei war,
ließen sie sich den wertvollen Bodenverbesserer mit dem Pferde-
fuhrwerk vom Bauern bringen.

Wir zwei also auf dem Untersberg, uns zu Füßen der Fluss
und das Salzburger Land, Kleinmachnow so weit weg. Hier gab
es in diesem Frühjahr reichlich Regen, alles ist frisch, üppig und
grün, die Alpenflora, die Wiesen auf der Gaisbergalm, die Rosen-
stöcke im Mirabellgarten, die zudem in voller Blüte stehen, und
die Wiese mit dem Süßkirschenbaum im Garten unseres Hotels.
Nur das Grab meines Lieblingscousins Loisl, der 1953 auf einer
Bergtour an der Watzmann-Ostwand tödlich verunglückte, sieht
karg aus. Wir haben lange gesucht und es erst mit der detektivi-
schen Hilfe einer netten Friedhofsgärtnerin gefunden. Und ich
habe keine Blume mitgebracht.

Mein achtzigster Geburtstag. Als Loisl mit seinem roten Sport-
rad durch Salzburg flitzte und ich, kindlich in ihn verliebt, auf der
Stange sitzend mitfahren durfte, war ich zehn Jahre alt. Er starb
mit zweiundzwanzig.

19. JUNI

Was für ein Bild. Noch am Abend lodern die Rosenbüsche in
allen Rosenfarben der Welt. Wir blicken vom Mirabellgarten über
die Beete auf die von der Festung Hohensalzburg gekrönte Stadt
mit ihren Kuppeln und Türmen. Und wie die Bienen um-
schwärmen uns die Touristen, dirigieren einander nach rechts
und nach links, verschwinden wieder und nehmen reiche Ernte,
hunderte Smartphonefotos mit nach Hause, bis nach Fernost.
Bedächtig stille Menschen sehen wir nicht. Still und kühl ist es
nur in Trakls Geburtshaus am Salzachufer.

23. JUNI

Großmutter Auguste gab Geld für den Grundstückskauf in Kleinmachnow. Was aber war der Beitrag meiner Mutter?

Karoline kam aus einer armen Salzburger Familie – ›bettelarm‹

nannte sie es, acht bis zehn Geschwister, je nachdem, ob man die unehelichen Brüder oder Schwestern mitrechnet; sie lernte drei Berufe, schloss jeden mit bester Beurteilung ab, ging nach ihrer letzten Ausbildung als Krankenschwester nach Deutschland, zuletzt nach Berlin, wo sie meinen Vater kennen lernte.

Was brachte sie mit?

Ihre blauen Augen. Einen Hauch der Schönheit Salzburgs und der Berge. Und eine Sehnsucht. Sie gab ihren Beruf auf, heiratete Willi, der zur Trauung seine braune Uniform trug, gebar eine Tochter, nachdem das erste Kind während der Geburt gestorben war. Sie arbeitete unermüdlich in Haus und Garten, ersetzte und vertrat mir den Vater, als der in Russland Soldat war. Sie hielt nicht die Fahne hoch. Später versorgte sie die Großeltern, pflegte das Haus, kümmerte sich um die Mieter, die man ihr im Zuge der behördlichen »Wohnraumlenkung« ins Haus gesetzt hatte. Sie war in den letzten Jahren ihrer Zeit in Kleinmachnow allein – der Mann in Hamburg, die Tochter in Westberlin.

Der stillen Frau mit der großen Sehnsucht verdanken wir, dass Grundstück und Haus nicht verkauft und nicht enteignet wurden.

Sehnsucht

Ich suche ein Bild für das mit Schwulst wie mit Plattheit überlagerte Wort. Wie sieht Sehnsucht aus? Ein Bild ... Eine Person ... Ein Mensch, der diesen so oft missbrauchten Begriff verkörpert: meine Mutter. Schlank und zart aber kräftig, blond, blaue Augen. Ein helles wässriges Blau. Ein Strahlen, das immer von einer gewissen Schwermut überlagert ist. Karoline, der weiche Name, der später zu Karola verhärtete, sie wollte das so.

Vierundneunzig Jahre währte dieses Menschenleben, und ich denke, es ist nicht verkehrt, es als ein Leben der fortwährenden Sehnsucht, der Sehn-Süchte zu beschreiben.

Über ihre Kinderträume weiß ich nichts. Doch früh schon zeigte sich der Wunsch, der Armut, der Enge, dem brutalen Vater zu entkommen. Sie wurde Ladenmädchen in einem guten Salzburger Stoffgeschäft. Ihre Zuverlässigkeit fiel auf und die besondere Handschrift, gleichmäßig und zierlich wie eine Stickerei, Karoline Brunauer wechselte ins Büro, machte dort eine zweite Lehre. Sie verließ ihre Arbeitsstelle und ihr Elternhaus, wurde Krankenschwester, arbeitete an unterschiedlichen Orten, weit vom heimatlichen Salzburg entfernt, schließlich im Waldfriede in Berlin.

Sie lernt meinen Vater kennen und schreibt Gedichte. Mein Vater betrügt sie, sie schreibt Gedichte. Die große Liebe, das Festhalten, die Hoffnung darauf, dass es wird, wie es war. Da macht sich die Sehnsucht endgültig breit. Mein Vater ist im Krieg, später in Hamburg, scheiden lässt er sich nicht, sie haben ein Kind.

Sie reden von Verpflichtungen. Vater kann ein freies Leben führen, ohne Bindungen, denn »er hat ja Frau und Kind«. Mutter entschuldigt seine Abwesenheit mit den politischen Verhältnissen und mit der Arbeitssituation. Sie tut so, als wäre es vorübergehend, sieht nicht die Realität, und die Sehnsucht nach dem Mann, nach einer heilen Familie wächst. Auf den Fotos das Sehnsuchtslächeln, das immer auch sanft ist, von der Anmut einer Seifenblase.

Sie bewundert, beneidet Nachbarsfamilien, der Mann Apotheker, sie Hausfrau, zwei Kinder, Feierabend, Ferienglück, Familienfotos. Karola hofft und sehnt sich nach dem Familienidyll, das andere ihr vorleben. Das Geigenspiel, mit dem sie mein Nicht-einschlafen-Können begleitet hat, gibt sie auf. Guter Mond, du gehst so stille. Bis heute sehe ich sie, höre sie mit der Geige, versonnen, verträumt, traurig. Bist so ruhig, und ich fühle, dass ich ohne Ruhe bin.

Lange Zeit soll das Kind die Sehnsucht stillen. Als das nicht funktioniert, gibt es Sätze wie »Du liebst mich nicht«, und das Kind wird schwierig und glaubt der Mutter diesen Satz.

Auch Vaters Bruder, Hans, hat eine Sehnsuchtsfamilie. Zwei Kinder, Urlaubsreisen, ein Auto. Im Garten wird grüner Hering überm Feuer gebraten, Tante Käthe macht Kartoffelsalat. Mein Vater belegt die Gepflogenheiten solcher Familien mit leisem Spott.

Guter Mond. Traurig folgen meine Blicke deiner stillen heitern Bahn. O wie hart ist mein Geschicke, dass ich dir nicht folgen kann. Mehrmals in ihrem Leben kommt die Sehnsucht nach dem Nicht-mehr-Sein ins Spiel, der Wunsch, alles möge sich auflösen, aber immer sind da Menschen, die sie zurückholen in ihr altes Leben.

Irgendwann taucht eine neue Lebenslüge auf, die die Sehnsucht erhält. Mein Vater hat aus dem Krieg eine Hirnverletzung mitgebracht. Könnte es nicht sein, dass er sich durch sie verändert hat, nur deswegen gewissenlos und unzuverlässig wurde? Die Wahrheit ist, dass man ihm nicht das Geringste anmerkt, dass er vital und bis ins Alter leistungsfähig ist. Die Wahrheit ist, dass er aufgrund seiner Verletzung eine sehr gute Rente bezieht.

Mit über siebzig baut er sich nördlich von Hamburg ein Haus. Und Karola hofft und wartet, dass er sie einlädt, wenigstens sehen möchte sie es, einmal wenigstens, die Sehnsucht, dass er sie zu sich nimmt, ist unterschwellig immer noch da. Ein harmonisches gemeinsames Alter – andere haben es doch auch.

Dass all die Lebenslügen kein Glück in ihr Leben brachten, wird deutlich, als die Wirklichkeit einen scharfen Lichtstrahl durch das Netz, das Gewebe der unerfüllten Wünsche wirft. Die Mauer ist nicht mehr da, Karola lebt jetzt in Berlin im Altersheim, Willi hat in Westdeutschland sein Haus. Er kommt nach Berlin, und er versäumt es, seine Frau zu besuchen. Geht einfach nicht hin. Nicht einmal diese kleine höfliche Geste.

Was Wunder, wenn sich ihr Geist verwirrt.

Doch die zunehmende Verwirrung ist auch eine Gnade. Karola kann endlich die Sehnsüchte, die falschen Hoffnungen, die Lebenslügen vergessen. Sie lächelt. Sie ist in einer anderen, besseren Welt. Ein Lächeln ohne Bitterkeit, als wäre sie versöhnt.

26. JUNI

Dreißig, fünfunddreißig, siebenunddreißig Grad – ich habe den Eindruck, manchen Menschen ist der Rekord wichtiger als das Wohlfühlen.

Schon am Morgen zeigt das Thermometer auf der Terrasse 25 Grad im Schatten. Früh fahre ich mit dem Fahrrad auf den Markt; nur wenige Stände gibt es heute, die Ware verdirbt zu schnell, kaum Kunden erscheinen an diesem Vormittag.

Schön, dass Sie da sind, sage ich zum Gemüsemann, und er betrachtet sich menschlich angesprochen und nicht kaufmännisch, obwohl ich letzteres meinte, und fühlt sich wohl, das merke ich. Ich habe nichts im Kopf bei den Temperaturen, die Liste auf dem Einkaufszettel abarbeiten, sonst nichts.

Mal wieder nach dem minimalistischen Mohnpflänzchen an der Bushaltestelle zu schauen, habe ich vergessen. Hatte ich doch ein paar Tage zuvor bemerkt, dass die Pflanze zwei noch kleinere Triebe mit Knospen und Nebenblüten entwickelt hat, die am Ende sogar zu Samenkapseln wurden. In meiner Familie habe ich schon den Ruf, ein wenig verrückt zu sein im Beobachten und Einsammeln aller möglichen Winzigkeiten, Mäuseknochen und so, aber das macht mir nichts.

27. JUNI. Nur 25 Grad

Es gibt ein Foto, ein Schwarzweißbild aus den 30er Jahren. Auf einem Beet mit großen Steinen, die sich um einen stattlichen Findling gruppieren, leuchten Margeriten und Iberis, der blühende Apfelbaum im Hintergrund ist gut gewachsen, meine Mutter im lockeren Sommerkleid lächelt dem Fotografen – Willi mit seiner Leica – entgegen. Bildunterschrift: Unsere Berliner Alpen. Es gibt ein Foto von einem kleinen nackten Mädchen vor einem Beet mit Mohn; eigentlich will das Mädchen nicht fotografiert werden, immer der Papa mit seiner Kamera. Die Mohnblüten sehen blass aus, es ist Speisemohn für den Sonntagskuchen. Mohnstriezel bäckt die Mutter, Mohnkuchen mit Streuseln auf dem Blech die Kleinmachnower Oma. Vielleicht war es schwierig, Kuchen zu backen, es war Kriegszeit, es gab Lebensmittelmarken und reichlich Butter sicher nicht. Also lassen wir die Streusel weg.

Lippenstiftrot lodert heute in unserem großen Staudenbeet der Mohn mit faustgroßen Blütenpuscheln über dem wasserblauen Laub, eine gefüllte Sorte, die zu nichts gut ist als für die Wirkung im Beet und für die Wonne der Betrachtung. Knickt oder bricht man ein Blatt ab, erscheint der weiße Milchsaft. Opium? Eine Droge für die Augen unbedingt, wenn die Pflanze sich zum kleinblütigen Rittersporn und zu dem Mädchenhaargras *Stipa tenuifolia* gesellt, das jetzt zum ersten Mal reichlich blüht.

Wir entdeckten die Mutterpflanze unseres Mohns in einem polnischen Garten, Lutz griff über den Zaun, nahm eine Samenkapsel mit und säte sie in unser noch junges Blumenbeet. Gut zwanzig Jahre ist das her. Der magere Boden und die vollsonnige Lage schienen dem Neuling zu behagen. Jedes Jahr reichen nun eine oder zwei verbleibende Kapseln, um im nächsten eine neue Blütenfülle hervorzubringen.

Auch Feldrittersporn, Verbene und Sonnenhut – die Sorte *Rudbeckia hirta* – säen sich aus, wenn man Verblühtes nicht abschneidet. Doch sie suchen sich selbst ihren Ort, erscheinen immer irgendwo, gern da, wo der Boden karg ist. So kann ich die Beete zwar nicht eigenmächtig nach meiner Vorstellung gestalten, habe aber gelernt, dass die Natur es mit ihrer Standortwahl meistens sehr gut, ja geradezu perfekt macht. Auch wird der natürliche Garten jetzt wieder mehr geschätzt als die durchgestylte Anlage.

Seit ein paar Jahren prangt bei uns an verschiedenen Stellen die gigantische Königskerze *Verbascum olympicum*, eine Lust, für uns und für die Bienen, und ein Staunen für diejenigen, die sie zum ersten Mal sehen. Zu viel gedüngt?, fragte eine Besucherin. Mitnichten. *Verbascum olympicum* ist ein Vergnügen für faule Gärtner, ganz im Sinne Karl Foersters, aus dessen Gärtnerei wir vor Jahren das erste Pflänzchen holten. Im ersten Jahr war gar nichts. Im zweiten kam das Staunen, und an verschiedenen Stellen strotzen jetzt zehn mannshohe Blütenfackeln vor Sommerlust. Sie brauchen die Sonne.

Auch diese Sommergrazie sät sich so reichlich aus, dass wir nicht alle Blüten zur Samenreife kommen lassen. Sie liebt den Rand der Beete, wo schon der Weg oder der Rasen beginnen sollte, wo der Boden trocken und durchaus sandig sein kann. Im ersten Jahr erscheint salbeigrün die Rosette, die nicht so attraktiv ist wie das samtige Blattwerk der weiterverbreiteten Kleinblütigen Königskerze. Die Blume vom Olymp, dem Berg der griechischen Götter, entwickelt dann im nächsten, manchmal erst übernächsten Jahr einen bis zu zwei Meter hohen Blütenschaft, der sich wie ein Kandelaber verzweigt – daher auch der Name Kandelaberkönigskerze. Wenn man nach der Hauptblüte von mehreren Wochen den Stängel abschneidet, bilden sich im Spätsommer kleine

Nebenblüten.

In jedem Jahr locken an verschiedenen Stellen im Garten die Kandelaber zahlreiche Insekten an, und sie harmonieren wunderbar mit den cremeweißen Blütenstängeln der Yuccapalme, die sich im Staudenbeet über ihren starren Blattschöpfen erheben. Platz braucht man, ich gebe es zu.

Vor ein paar Tagen schrieb ich übers Kleine, nun kann es nicht groß genug sein. Woher jetzt die Gigantomanie? Das einstige Steingartenbeet, die Hommage an die Alpenlandschaft meiner Mutter, war mit Abkömmlingen aus den Schrebergärten, die in den 30er Jahren dem Bau des Flughafens Tempelhofer Feld weichen mussten, bepflanzt. Mein Vater, der dort Arbeitsdienst leisten musste, brachte sie mit. Der zentnerschwere Findling war schon immer da, so lange, dass ich sein glaziales Alter nicht beziffern kann. Er ist zweifelsohne das älteste Ding im Garten, was sind da hundert, was achtzig Jahre, und ich weiß nicht, wo sein ursprünglicher Ort war. Irgendwo ruhte er vor undenklich langer Zeit im Sand einer Endmoräne. Bei uns dann im ›Alpen‹-Beet, danach unterm Klarapfelbaum neben einem Brunnen mit Wassertrog im Bergwiesenstil, später lag er unter den Lärchen beim Kaninchenstall, wo er Großvater beim Dengeln der Sense als Sitz diente. Heute versteckt er sich beinahe vergessen in einer Ecke. Hätte ich einen zyklopenstarken Helfer, ich wälzte gerne den Stein.

28. JUNI

Schon immer hatte mein Vater den Drang, den Garten zu gestalten. Er war, da bin ich sicher, früh mit den Ideen Karl Foersters vertraut; statt Rabatten mit Stiefmütterchen und Fleißigen Lieschen, wie sie Großvater Otto für seine Auguste pflanzte, setzte er perennierende Stauden in großzügige Beete, deren Wirkung durch die Pflanzenfülle und durch harmonische, aber nicht starre Wiederholung entstand. Bestimmt sah er sich andere Anlagen an; vielleicht den Landhausgarten der Familie Braun im Erlenweg, dessen Besonderheit sich herumsprach; vielleicht kannte er die von Herta Hammerbacher auch in Kleinmachnow gestalteten Gärten. Einmal angelegt, haben Beete mit überwinternden Stauden viele Jahre

Bestand, schon hier beginnt die Idee des »Gartens für intelligente Faule«. Es muss nicht jedes Jahr aufs Neue gesät, pikiert, gepflanzt, gehegt und gepflegt werden.

Die Mitte des großen Grundstücks, seine Taille gewissermaßen, markierte zwischen Werkstatt und Hühnerstall ein niedriger Holzzaun mit einer Pforte, der den vorderen *pleasure*-Teil vom hinteren Nutzgarten trennte. Davor ein gut zehn Meter langes Staudenband aus Rittersporn in hellem Himmels- und in kräftigem Kornblumenblau sowie großzügigen Gruppen von Phlox – Duft und Farbe vorm braven Lattenzaun. Vor dem Beet ein schmaler Weg zum Hühnerstall; es war ein damals blassgelb gestrichenes Häuschen mit Ziegeldach, für dessen Bauplan von 1941 Friedrich Blume, der Architekt der Eigenherd- und der Weinbergschule in Kleinmachnow, verantwortlich zeichnet.

Vielleicht hatten unsere Gartengründer die Zeitschrift *Gartenschönheit* abonniert, vielleicht gab es Kataloge. Vielleicht hatte Foerster schon seinen Leitsatz: »Das Leben ohne Phlox ist ein Irrtum« formuliert; vielleicht wuchsen im Staudenbeet die Sorten ›Sommerkleid‹ und ›Dorffreude‹, vielleicht ›Frauenlob‹, rosa und weiß mit rotem Auge. Ein Teil des großen Beets war den Herbstastern vorbehalten, später kam *Helenium,* die Sonnenbraut, dazu, das brachte eine neue Farbe ins Beet.

Rosen gab es nicht. Mein Vater mochte sie nicht – die Dornen, war die Ausrede, in Wahrheit war es das Schneiden, Düngen, der Winterschutz, Ansprüche, denen er nicht nachkommen mochte, Rosensträucher verlangten stete Fürsorge. Zu meiner Geburt gab es einen Feldblumenstrauß.

Hinterm Zaun dann die Gemüsebeete.

Der Lattenzaun ist seit langem weg, nichts teilt jetzt den Garten außer einem schmalen Taglilienbeet; der Blick geht bis zum großen viereckigen Staudenbeet im hinteren Teil der Anlage. Außer der Auffahrt zu den beiden Häusern gibt es keine Wege, im Garten läuft man auf dem Gras. Mal ist es saftig und feucht, mal nass vom Regen, mal ausgedörrt von der Sonnenglut, mal voll blühendem Klee und Bienen. Trampelpfade entstehen nicht, denn wir laufen mal hier, mal da.

Die Wege verschwanden bald nachdem die Großeltern gestorben waren und mein Vater in der Nähe von Hamburg lebte. Der Rasen machte sich über sie her, die Kantsteine sanken ins Erdreich, man könnte noch nach ihnen graben.

29. JUNI

Vor dem, was ich Hinterhaus nenne, was aber ein normales separates Gebäude ohne besondere Anbindung ans Vorderhaus ist, wuchs ein Birnbaum von der Sorte Gaishirtel, die kaum jemand kennt, mit vom Baum essbaren, das heißt ohne Nachreife zuckersüßen Birnen. Jedes Jahr reichlich Früchte und reichlich Wespen. Der Baum, der ein paar Jahre später wieder entfernt wurde, stand in einem Rondell, das mal mit Astern, mal mit Tagetes umwachsen war, eine bunte Bordüre, brav im Rund.

Ein Platz für den Kinderwagen. Den Kinderwagen und mich.

Die Hauswand hinterm Birnbaum berankte ein »Klimmer«, eine Pflanze, die sich mit kleinen Haftplättchen am Mauerputz festhält, und die den Eingang mit ihren herabhängenden rotgrünen Trieben wie mit einer Portiere schmückte. Meine Erinnerung an den Klimmer, die wahrscheinlich nur eine tradierte Erzählung ist, sieht so aus: Ich sitze im Kinderwagen. Sie stellten mich ans Haus in den Schatten mit Blick auf das Blumenbeet. Bald schon entdeckte ich, dass es eine reizvolle Beschäftigung ist, aus dem Wagen herauszulangen und die langen Triebe vom weißen Putz der Wand zu rupfen; die Haftplättchen lösten sich, der Trieb ließ sich Stück für Stück abziehen. So schaffte es das Kind, die ganze Pracht herabzuholen. So bekam es Lust, das immer wieder zu tun. Denn beinahe über Nacht entwickelte der Klimmer neue Triebe, rasch wuchsen sie wieder empor.

Fast acht Jahrzehnte ist das her, der Klimmer ist immer noch da. Nur ist der Putz am Haus jetzt so altersschwach, dass das Gewicht des vitalen Kletterers ganze Placken ablöst, greift der Hausherr nicht immer wieder zu Spachtel und Schere.

Der Birnbaum ist lange verschwunden; Königskerzen, Lavendel und Federmohn, die den kargen Boden ertragen, verdecken die Altersspuren am Haus. Wenn man nicht hinterherkommt, den Klimmer im Zaum zu halten, bekränzt er die rotlackierte Eingangstür, steigt die Regenrohre hoch, bietet im Frühling der Amsel einen sicheren Nistplatz, lockt im Sommer die Bienen und im Herbst mit vielen kleinen Trauben die Vögel an, und alle sagen, wie schön. Auch ein paar Lilien habe ich ihm an die Seite gestellt.

30. JUNI

Vielleicht ist das, was ich als Gigantomanie abtat, etwas anderes, vielleicht fasziniert mich in der Natur ganz einfach deren Begabung für Grazie und für Prächtigkeit und ihr Wille zum Überleben – sei es das Mohnblümchen an der Haltestelle, sei es ein glazialer Brocken im Garten oder der die Hauswand bewuchernde wilde Wein. Vielleicht ist es auch das Staunen: Über Wale und über Schmetterlinge schreibt Szczepan Twardoch in seinem Tagebuch, über das ganz Große und das so leicht zu übersehende Kleine. Und wir verderben die Schöpfung.

1. JULI

Warme Luft kam aus der Sahara. Gestern Mittag hatten wir 38 Grad, um 19 Uhr waren es noch 37, immer noch tropisch gegen Mitternacht im Schlafzimmer unterm Dach. 45,9 Grad Celsius in Toulouse. Die Todesrate alter Menschen steigt.

Heute dann zehn Grad kälter. Wie angenehm.

5. JULI

Wie die gelben Taglilien duften und in welcher Fülle sie jetzt blühen, eine Verführung, sie immer wieder anzuschauen, zu berühren. Ich gab ihnen, da ich die korrekte Bezeichnung dieser Sorte nicht wusste, den Namen der Architektin Hilde Weström, von der ich sie bekam. Ein Blütenband von gut vier Metern Länge und nur eine Sorte, ein bewegter mondgelber Fries über dem schilfartigen Blattwerk.

Ich sitze auf der Hollywoodschaukel, schwinge leise hin und her und genieße den Blick über das Taglilienbeet bis zum großen Staudenbeet im hinteren Teil des Gartens mit der stolzen Yuccapracht. Zart schwanken die Stängel der rosa Prachtkerze im Wind, mischen sich unter das silbrige Mädchenhaargras, vertragen sich mit Wiesenknopf und blauem Feldrittersporn, und Dutzende quittegelbe Rudbeckien stehen aufrecht daneben und lassen sich vom leichten Sommerwind nicht beeindrucken.

Ich gehe ins Haus und hole den Fotoapparat.

Wenn es um die Taglilien oder auch um Pflanzen wie zum Beispiel die Herbstastern geht, schätze ich die Fülle aus der Wiederholung des Immergleichen; Lutz hingegen ist der Sammler. Sein Begehren richtet sich auf immer wieder neue Abarten. *Hemerocallis*, die Schöne des Tages; acht oder zehn verschiedene Sorten bevölkern das Staudenbeet. Man muss nahe herangehen, um in der Vielfalt das Besondere zu erkennen. *Hey There, Gentle Shepard, Bamby Doll, Golden Chimes, Stella d'Oro, Pandoras Box, Summer Wine*, da möchte ich am liebsten eine nette kleine Liebesgeschichte draus machen, und bestimmt vergaß ich, die eine oder andere zu erwähnen, *Chosen love* etwa, weiß nicht mal ihre Namen richtig zuzuordnen, blass- oder dottergelb, rosa oder pink, magenta, fuchsrot oder mahagoni, einfarbig, zweifarbig, mit grünem Schlund, mit glattem oder gekräuseltem Rand …

Da lob' ich mir die einfache rostbraune *Hemerocallis Fulva*, die jeder kennt, die Ursprungssorte aus China, aus der all die amerikanischen Verwandten hervorgingen, sie ist robust und von großem Ausbreitungsdrang, weswegen sie bei uns ihren Platz neben dem Komposthaufen hat. Bahnwärter-Taglilie wird sie genannt, man sieht sie, wo's nicht drauf ankommt, an Bahnübergängen und so weiter.

6. JULI

Wir haben einen Rundgang im Garten verabredet, Taglilien anschauen. Ein Grund, wieder einmal gemeinsam herumzugehen.

An den edlen Schönen, die nur einen Tag blühen, haben wir uns auf großen Beeten im Foersterschen Zuchtgarten in Bornim und im Garten der Gräfin von Zeppelin satt gesehen, ein überwältigender Anblick in solcher Fülle. Nun also die Einzelheiten. Leider haben wir Pech, es ist später Nachmittag, der Tag ist vorbei, da richten sie sich nicht nach unseren Wünschen, viele der Einen-Tag-Blüherinnen präsentieren uns nur noch schmale Gebilde von kraftlosem Grün. Aber der *Stern von Rio*, den ich vergaß, zeigt seine zweifarbige Blüte in voller Pracht, ebenso die ›Schöne von Onkel Hermann‹, die Lutz aus Amerika mitbrachte, – wir einigen uns auf die Farbe Magenta – und ›Die von Ernst‹, die dunkelrote. Und ich merke, auch wenn ich die Farben und die Blütenstruktur beachte, fällt es mir immer wieder schwer, die Namen zuzuordnen. Das macht das Alter – meins und nicht das der Pflanzen, denke ich, aber es kommt wohl eher daher, dass es keine Geschichten gibt, die sich mit den einzelnen Exemplaren verbinden, keinen persönlichen Bezug.

Vielleicht sind mir auch deshalb die Tagliliensorten fremd geblieben, weil ihre Namen die amerikanische Herkunft preisgeben, weil sie ›Bonanza‹, ›Muffin‹ oder ›Pizza‹ heißen. Englische Gartenkultur, ja, die ist mir vertraut, aber USA, so weit weg – und ich bin auch nicht dort gewesen, um Stauden für den eigenen Garten zu entdecken.

8. Juli

Es hat schon etwas für sich, dass jede Pflanze einen Namen hat, und zwar nicht nur den wissenschaftlichen, mit dem man sie identifizieren kann. Den deutschen Namen, der oftmals ein beschreibender ist, brauchen die Gewächse der Natur, damit wir mit ihnen sprechen können. Rittersporn, Wiesenknopf, Mädchenauge. Jelängerjelieber und Brennende Liebe.

Nun finde ich im Katalog, dass die Lilien vor der Hauswand, die demnächst ihre Blütenknospen entfalten werden, um sich stolz in ihrer ganzen Pracht zu zeigen, ›Sheherazade‹ heißen. Welch verheißungsvoller Name, schon wenn man die Lilienzwiebeln in die Erde bringt. Tut mir leid, du Märchenhafte, ich hatte es vergessen. Nun also Sheherazade, guten Morgen, du Strahlende im cremeweiß-purpurn-hellgrünen Gewand, wie war deine Nacht?

Auch die Taglilien im Karree, die keine ›echten‹ Lilien sind, werden jetzt von mir begrüßt: *Hey there*, bisschen eng hier im

Asternbeet. Oder: *Chosen love*, kriegst heute eine Extragabe Regenwasser aus der Tonne. Oder: *Stella d'Oro*, wie hell du strahlst, du schöner Morgenstern.

10. JULI

Ist Inkonsequenz eine Tugend?

Ja. Anfang des Jahres nahm ich mir vor, untätig zu sein, im Garten alles zu belassen, selbst wenn Pflanzen mickern, vertrocknen, absterben. Es ist der natürliche Lauf der Dinge, und Erneuerung ist das Wesen der Natur – im Unterschied zum Menschen, der alt und älter wird und dann nicht mehr da ist. Das Leben des Menschen ist linear, das Leben in der Natur ein Kreislauf von Vergehen und Erneuerung.

Nun aber der Klimawandel.

Im Garten habe ich den Verzicht auf gärtnerische Emsigkeit nicht mal ein halbes Jahr durchgehalten. Habe doch gezupft, den Boden immer wieder gelockert, Kompost aufgebracht und Hornspäne untergemischt. Und gegossen. Und die Rückenschmerzen verflucht. Anfangs – das ist jedes Jahr das gleiche – denke ich, die Pflanzen müssen sich daran gewöhnen, dass es im Sommer halt weniger Wasser gibt, dass die Sonne brennt und verbrennt und auch stärker wird mit dem Klimawandel, und dass die Pflanzen, das weiß man, dann entsprechend tiefere Wurzeln ausbilden. Es dauert nicht lange, und die sonnemüden Blätter, die von der Mittagshitze gebeugten Stängel tun mir leid; sie bekommen Wasser, sie werden gestützt, werden von lästiger Konkurrenz befreit. So geht es Jahr für Jahr.

Doch die extreme Trockenheit des Bodens, die so weit in die Tiefe geht, ist neu. Wichtiger als die Pflege der Blumen ist jetzt das Wässern der Bäume; noch sind sie grün, noch geben sie Schatten und beleben die Luft. Eine junge *Picea omorica* ist gestorben, das ging ganz schnell, wir mussten sie entsorgen.

13. JULI

Hinterm Lattenzaun das Gemüsebeet.

Wenn ich von früher erzähle, gleicht das Erinnern dem Pilzgeflecht im Waldboden; irgendwo wachsen immer Bilder heraus, Geschichten drängen ans Licht. Ernte ich sie oder lass ich sie stehen und vergehen? Und was ist wichtiger: Wahrheit oder Wahrhaftigkeit?

Obwohl mein Vater, wenn er auf Fronturlaub oder später zu kurzen Besuchen nach Kleinmachnow kam, ein für seine Zeit durchaus moderner und ambitionierte Fotograf war, gibt es kein Foto eines Gemüsebeets – das kleine Mohnfeld mit dem nackten Sonnenkind einmal ausgenommen. Ich bemühe also meine inneren Bilder.

Da sie nur der eigenen Versorgung dienten, unterlagen die Gemüsegärten keiner Gartenmode. Die Beete gerade, die Wege unkrautfrei, alles was man kannte wurde angebaut. Möhren, Kohlrabi, Blumenkohl, Kartoffeln. Grüne Bohnen und Erbsen. Salat gab es im Sommer, im Winter aß man Kohl, weiße Bohnen und Sauerkraut. Hinterm Werkstatthaus ein Frühbeet zur Anzucht der Pflanzen, eine Erdmiete diente der Lagerung von Kartoffeln und Gemüse. Die Fruchtfolge wurde geändert. Ein Spargelbeet wurde aufgeschichtet, bis er geerntet werden konnte, dauerte es ein paar Jahre. Erdbeerbeete trugen reiche Ernte.

Alle Arbeiten erledigten die Großeltern mit der Hilfe meiner Mutter. Mein Vater war vom Jahr meiner Geburt an bis zum Kriegsende Soldat. Als der Krieg mit Bombenangriffen auch Kleinmachnow überzog, zersplitterte nicht nur das Frühbeet, auch die Fensterscheiben im Haus gingen zu Bruch. Ein Bombentrichter verwüstete das Spargelbeet. Wo vorher der Blumenkohl wuchs, wurde ein Erdbunker gegraben.

Einen Garten zu besitzen, war kurz nach Kriegsende die Rettung von Hunger und Unterernährung. Als die Jahre des Hungerns begannen, legte mein Großvater in der Gartenhälfte hinter der Tischlerwerkstatt das Maisfeld an, Futter für ein paar Hühner und Maismehl und -schrot auch für uns. Zuckerrüben wurden angebaut und geerntet. Wo sonst in der Waschküche die Kochwäsche dampfte, deren Seifenschwaden die Fenster beschlagen ließen, kochte im großen Kupferkessel der Sirup. Schwarzbraun, zäh und köstlich und doch kein rechter Zuckerersatz. Auf dem Rasenplatz vorm Haus wuchs Getreide. Großvater als Sämann mit der Saatschürze. Da wurde im Sommer in Kleinmachnow der Roggen gemäht, in Hocken aufgestellt und später auf dem Hof mit einem Flegel gedroschen. In der Kaffeemühle zerknirschten die Körner zu grobem Mehl. Maisacker und Roggenfeld waren ebenso wie die Straße Spielplatz für die Kinder. Es gab ein paar Nutztiere; Hühner, Kaninchen, Tauben. Hühnersuppe und Kaninchenbraten als Festtagsessen, die Tauben zur Brühe, mehr Knochen als Fleisch; Fleisch und Fett waren knapp. Man aß, was die Gemüsebeete hergaben, vegetarisch zu leben war noch keine Weltanschauung. Salat ohne Öl im Sommer, Erbsen und Bohnen ohne Fleisch im Herbst und Winter.

So weit, so gut. So weit, so ereignislos. Es gibt keine Berichte über den Gemüsegarten der frühen und mittleren Jahre. Aber es gibt eine Geschichte von Großmutter Auguste. Sie starb, da war ich sechs.

Im November 1945 kam mein Vater zu Besuch.

Wenn Willi von irgendwoher zu Besuch nach Kleinmachnow kam, brachte er immer etwas mit, Dinge zum Essen, bei denen einem das Wasser im Mund zusammenlief. Eine Cadbury-Schokolade. Ein Fässchen Salzheringe. Eine Seite Speck. Diesmal also eine ganze Seite Speck. Großmutter kochte Erbsen mit Speck, doch in der Nacht bekam sie Bauchweh. Es wurde heftiger von Stunde zu Stunde und gegen Morgen war es so schlimm, dass sie ins Krankenhaus musste. Sie legten Wolldecken auf die Pritsche des Handwagens, mit dem Opa sonst seine Tischlerarbeiten transportierte, sie zogen Oma eine Strickjacke übers Nachthemd, legten sie auf die Decken, packten ihr Federbett darüber, es war November, und zogen sie den Wolfswerder hinunter, die Benschallee entlang und über die Potsdamer Chaussee hinweg, sie brachten sie ins Krankenhaus Hubertus. Vater und Sohn.

Oma starb in der Nacht. An »Darmverschlingung« hieß es; mein Vater sah als Ursache später die Erbsensuppe mit reichlich Speck, was durchaus denkbar ist, denn die Menschen waren abgezehrt und nicht mehr an schwere Kost gewöhnt.

Oma war zweiundsiebzig.

Mit dem Handwagen holten Großvater und Karola, die Schwiegertochter, sie zurück. Legten sie auf ihr Bett, und die Nachbarinnen kamen und weinten ein bisschen. Aus Eichenbohlen zimmerten Vater und Sohn den Sarg, kleideten ihn mit weißer Seide aus, Vorkriegsware – vorsorglich zur Seite gelegt? –, betteten die Ehefrau, die Mutter hinein, schraubten den Sargdeckel fest, und dann fuhren Großvater und Karola den Sarg mit der Auguste Berta Karos, geborene Oberüber, aus Dakehnen Kreis Goldap, mit dem Leiterwagen zum Waldfriedhof in Kleinmachnow. Eine Trauerfeier mit wenigen Gästen.

Es waren noch ein paar letzte Chrysanthemen im Garten, im November 1945. Willi blieb im Haus und kochte Hühnersuppe.

14. JULI

Als ich halbwegs helfen konnte, bestand auch für mich die lästige Pflicht, meinen Anteil beim Sauberhalten der Gemüsebeete zu leisten. Großmutter war tot, Willi war wieder weg, Tante Emmchen, die ins Haus zog, konnte nicht helfen, weil sie einen Klumpfuß hatte. So hatten den Großteil der Arbeiten mein Großvater und meine Mutter zu leisten, auch von mir wurde Hilfe erwartet.

Kunst-Geschichte

Als ich in dem Alter war, in dem Heranwachsende ungern Hilfsarbeiten im Garten erledigen, fand ich in einem Gemüsebeet zwischen Möhren und Blumenkohl einen etwa vier Finger breiten Armreif, ein rätselhafter Fund. Der Armreif war alt, seltsam alt, ein Stück aus messingfarbenem Metall, zusammengehalten durch Scharniere, in denen verwitterte Hölzchen steckten. Als Verzierungen waren erhabene Buckel und zu einem Dreieck geordnete Kreise aus verdrilltem Draht aufgelötet. Kleine Drahtringe hingen in aufgesetzten Spiralen.

Das ist nichts wert, meinte jemand aus der Familie, irgendein »Zigeunerschmuck«, eine Imitation.

Ich wusch die Erde vom Armreif, nahm die Scharnierverbindungen heraus und ersetzte sie durch Streichholzstäbchen. Ich vergaß das Ganze.

Erst als ich schon an der FU studierte, tauchte das Schmuck-stück wieder auf. Es passte an mein damals schlankes Handgelenk, ich trug es zu einem viel zu großen Army-Pullover und blauen Cordjeans.

Doch wieder verschwand der Armreif aus meinem Blickfeld; erst als ich schon in Westberlin lebte, also nach dem Mauerbau 1961, war er wieder da. Ich wohnte zur Untermiete in Steglitz, möbliert, wie es üblich war, der Armreif diente einer kleinen Glasvase als Fuß. Diese Kombination stand jahrzehntelang an verschiedenen Plätzen in verschiedenen Wohnungen. Zuletzt in Kleinmachnow oben in der Mansarde auf dem Fensterbrett.

Die Neugier nach Herkunft und Geschichte des Fundstücks be-kam vor ein paar Jahren Nahrung durch eine Ausstellung im Landesmuseum von Brandenburg mit Leihgaben aus dem War-schauer Nationalmuseum, mittelalterlichem Schmuck aus dem Slawischen Raum, der sich etwa vom 10. bis zum 13. Jahrhundert von der Ukraine und Weißrussland über Polen bis nach Nord-deutschland erstreckte. Ich fuhr mit einer Freundin nach Bran-denburg, das Stück in einem Brokattäschchen verwahrt, ein Kunst-historiker, dem ich meinen Schatz aus dem Gemüsebeet zeigte, erstarrte beinah, meine Freundin hat es bezeugt: Das ist ja 'n Ham-mer, war sein Kommentar. So ein Teil könne glatt hier bei ihnen in der Vitrine liegen.

Ich berichtete, wo und wie ich das Schmuckstück fand, es wurde fotografiert, und dann wartete ich lange auf eine Erklärung, die aber nicht kam.

Die meisten der mittelalterlichen Schmuckstücke, lese ich im Katalog der Ausstellung, sind isolierte Funde, sind also nicht bei gezielten archäologischen Grabungen aufgetaucht. Es könnte sich, das ist nun meine Idee, auch um einen Kunstraub handeln, ein Stück, das verloren ging oder weggeworfen wurde; als ich es fand, war das Chaos des Krieges noch nicht lange vorbei. Die Nazis hatten die Museen in Warschau und anderen Städten des Ostens zerstört und ausgeraubt. Später gingen russische Soldaten bei uns ein und aus, auch sie könnten Kunstobjekte verschleppt haben.

Ich stellte mir vor, das teure oder nicht teure Kleinod sei vor etwa tausend Jahren von einem Handwerker geschaffen worden, von einer Frau getragen, dann weitergegeben, vererbt, später ver-graben, verloren, wiedergefunden …

2015 fahren wir nach Warschau. Mit einer Fotografie des Arm-reifs im Rucksack besuchen Lutz und ich an einem trüben Regen-tag das Archäologische Museum, das uns mit Wärme, mattem Licht, ziemlicher Leere und hilfsbereitem Personal empfängt. In der Gar-derobe werden die Schirme zum Trocknen aufgespannt. Rundgang parterre. Wir loben die gelungene Präsentation der Exponate, betrachten Feuersteine, krzemionki, Tongefäße, schließlich auch Schmuck in ähnlicher Technik wie mein Armreif. Außer einer lächelnden aber stummen Wächterin ist niemand da, den ich ansprechen könnte.

Im ersten Stock sitzt eine Frau, die auflächelt, weil jemand kommt. Dzień dobry. Eine Tür mit der Aufschrift Bjuro ist angelehnt, ich klopfe, mein Schmuckbild in der Hand, gehe hinein.

Im vollgestopften Büro zwei Männer am voll belegten Schreibtisch. Ich erzähle meine Geschichte knapp und einfach auf Englisch, frage nach Dyrektor Wojciech Brzezinski, der ist wohl nicht zu erreichen, aber einer der beiden will jemanden finden, der Englisch kann. Ob er mein Anliegen überhaupt verstanden hat, ist fraglich. Ein paar Minuten warten, bitte. Er entfernt sich. Wir warten. Zehn Minuten, eine halbe Stunde, ein Mann geht vorbei, sagt aber nichts. Wir warten noch eine Weile, niemand kommt, und ich vermute, dass der zuerst Angesprochene tatsächlich nichts verstanden hat von dem, was ich möchte.

Ich weiß es ja selber nicht. Wir beschließen zu gehen. Unten am Ticketkiosk entdecke ich ein Buch über alte Schmuckstücke; ich möchte hineinschauen, es kaufen, aber die Ticketverkäuferin ist nicht da. Kommt gleich, sagt die Garderobenfrau. Wir warten zehn Minuten, eine halbe Stunde. Vielleicht hat sie Mittagspause, da will man nicht stören. Als wir schließlich, um die Sache zu beenden, unsere Jacken abholen, faltet die Garderobenfrau die inzwischen trockenen Schirme sorgfältig zusammen, das freut mich. Im hinteren Treppenhaus, wo es zu den Toiletten geht, mickert eine Grünlilie üppig vor sich hin. Ich breche ein Kindel von der Mutterpflanze, verwahre es in meinem Rucksack. So nehme ich wenigstens etwas mit, geklaut. In der Ulica Solidarnoszcz trinken wir einen Kaffee und essen Schokoladentorte. Das freut uns beide.

Im Februar 2018 hält der Archäologe Thorsten Dressler in Kleinmachnow einen Vortrag über die Ausgrabungen auf dem Gelände des alten Gutshofs. Ich packe meinen Armreif wieder ins Täschchen und zeige ihn dem Archäologen. In der Zwischenzeit habe ich eine Anfrage ans Kunstgewerbemuseum und ans Museum für Vor- und Frühgeschichte gerichtet. Antwort der Historiker jeweils: Sie reichen es weiter, Herr oder Frau Sowieso werde sich melden. Niemand hat sich gemeldet. Nun der nette Herr Dressler: Sollte ich bereit sein, mich für kurze Zeit von dem Kunst-Stück zu trennen, würde er es mitnehmen und auf einer Tagung von Spezialisten für alte Metalle nachfragen. Er hat es getan, er hat auch einen auf alten Schmuck spezialisierten Uhrmacher befragt, und er hat mich zu Hause besucht.

Die Experten sagen nun: Kein Gold – das hab' ich sowieso nicht vermutet –, kein Messing, das war mir egal, also eine Legierung. Das Ganze eine Kopie, nicht individuell hergestellt, sondern in Serie. In Nordafrika hätten sie solche Dinge produziert.

Was nun? Was mit Afrika? Der Armreif hat seine Aura verloren, die Magie ist verschwunden. Ging es mir doch immer nur um die Frage, wo kommt er her, wie kam er in unseren Garten. Sein realer Wert war und ist mir egal.

Die Frage nach der Herkunft ist schwieriger geworden. Weder meine Mutter noch die Großmutter trugen auffälligen Schmuck, nichts, das ins Auge fiel. Bei der Gartenarbeit schmückte man sich nicht. Mir fällt indes ein, dass meine Mutter erzählt hat, sie sei zu einem Maskenfest – das gab es also auch! – als ›Zigeunerin‹ gegangen. Mit grünen Nussschalen habe sie ihr Gesicht gefärbt. Trug sie den Klimper-Armring zum Maskenball?

Eine andere Spur führt zurück zur Nachbarin, Frau G. Eine eindrucksvolle, immer belastete und doch lebensfrohe jüdische Frau. Sechs Kinder – »halb-arisch«, denn der Ehemann war »Christ«, eine sogenannte privilegierte Mischehe also –, der große Garten, die Nazis, der Krieg. Aber sie schmückte sich, trug Ringe an den von der Arbeit gezeichneten Händen. Und meine Mutter schalt sie als eitel, weil sie trotz der Ränder unter den Fingernägeln ihren Goldschmuck trug. War Frau G. eine, die auch ausgefallenen Modeschmuck schätzte? Wird die Sache kompliziert, wenn ich Kontakt zu ihren nun auch alt gewordenen Kindern aufnehme?

So liegt also der Armreif jetzt wieder bei mir herum. Nicht mehr in ein Spitzentaschentuch gewickelt und in einem bestickten Täschchen verwahrt. Er liegt irgendwo im Wohnzimmerregal, ich weiß nicht einmal mehr genau, wo.

16. JULI

Wir hatten Regen in den letzten Tagen, mal mehr, mal eher weniger, aber es erspart uns das Gießen, der Rasen erholt sich.

Und ein kleines Wunder. Der Mirabellbaum trägt Früchte. Ich habe, ich geb' es zu, bisher nicht recht hingeschaut, deshalb bemerkte ich es erst jetzt. Jahrzehntelang ließen wir ihn stehen, weil sein Wuchs ein wenig bizarr ist, weil die Rinde eine interessante Struktur hat, fotogen das Ganze, mehr nicht, dicht am Zaun zum Nachbargarten vor der weiß getünchten Nachbargarage. Da ließ die feinere Schwester der gewöhnlichen Bauernpflaume jedes Jahr ein paar Mirabellchen ins Gras fallen, madig zudem, und das war's dann.

Und nun in großer Menge. In mattem Zitronengelb leuchten Hunderte Mirabellen aus dem dunklen Laub. Sie werden reifen, dunkelgelb werden und rot angehaucht und von feiner Würze, sie werden herabfallen, wir werden Marmelade kochen. Keine Maden in diesem Jahr, danke, braver, treuer Mirabellenbaum. Ein kleines Wunder? Wohl eher ein natürlicher Vorgang der Natur: Sonne und Wasser ab und zu.

Oder hat unser Baum es mit geheimnisvollen Kräften erspürt, dass wir in diesem Jahr zu meinem Geburtstag an einem besonderen Ort waren, dem duftenden Mirabellgarten in Salzburg mit dem barocken Schloss, wo wir uns fragten, woher der Name? Ganz einfach, Mirabelle ist die wunderbare, die betörende Schöne. So auch unser Baum in diesem Jahr. Und statt Marmelade bereiten wir: Confiture.

25. JULI

»Herr, es ist Zeit, der Sommer war sehr groß.« Alle stöhnen, die Hitze ist zu groß, der Himmel glüht. Im Garten vertrocknen die Pflanzen, wenn man sie nicht gießt, aber man kann nicht überall gießen oder sprengen. Wir warten nicht auf den Herbst, wir warten auf Regen. Jeden Tag warten wir auf Regen.

42,6 Grad Celsius in Lingen. Der Hitzerekord wurde Lingen in Niedersachsen vom Deutschen Wetterdienst zugesprochen, ein paar Orte streiten sich sogar darum, den Rekord zu halten.

Ich suche einen alten Text, den ich schrieb, als wir ein paar Sommerwochen in Polen verbrachten. Es war im Jahr 1998.

Aus *Polonia, du Schöne*

Einst sagte man: die liebe Sonne. In diesem Jahr blendet sie schon in der Frühe, wenn Morgendunst sie dämpfen sollte, sie kommt und leuchtet – Beethovens Chorgeschmetter – und »lacht uns von ferne und läuft den Weg gleich als ein Held«. Feindselig in der Mittagsstunde, ein Held gegen mich, gegen die Welt, und immer noch blendend in ihrem täglichen Untergang. Schatten, Schatten suchen wir. Blenden kann blind machen. Kündet der strahlende Held schon von der sich abzeichnenden Klimakatastrophe oder sind ihm einfach meine alternden Augen nicht mehr gewachsen? Will ich es nicht wahrhaben, dass der Herbst meine Jahreszeit wird? Als vor einigen Jahren die Furcht vor einem beabsichtigten oder unbeabsichtigten Atomschlag in Deutschland umging und die Menschen auf die Straße trieb, dachte ich mir an hellen Tagen einen Atomblitz aus. Jetzt fantasiere ich den Umwelt-GAU: Sonne, Sonne, Sonne. Der Krebs: das Sternbild des Sommers. So suchen Ängste sich ihre Bilder.

In Wuhan hörte ich einmal ein chinesisches Märchen. Dass der Himmel zehn Sonnen hatte am Anfang der Dinge. Dass alles vertrocknete, wüst war und Mensch und Tiere schmachteten. Und im Märchen der Held. Einer schießt mit seinem Bogen alle Sonnen vom Firmament, alle bis auf eine. Yi, der Bogenschütze. Zufrieden war der Mensch. Und erwies der Sonne die Ehre.

Ich suche im Internet herum, denn nach draußen gehen mag man nicht bei immer noch Temperaturen über dreißig Grad. Nicht mal ein schattiger Gartenplatz kann mich verlocken. Also Internet. Also Club of Rome.

1972: Die Grenzen des Wachstums. Es folgen weitere Veröffentlichungen: Menschheit am Wendepunkt; Countdown der Energie; Jenseits des Zeitalters der Verschwendung. Die Zukunft der Ozeane. Darüber schrieb die so sympathische Thomas-Mann-Tochter Elisabeth Mann Borgese. Alles in den siebziger und achtziger Jahren des letzten Jahrhunderts publiziert. Dann 1995: Doppelter Wohlstand, halbierter Naturverbrauch – Ernst Ulrich von Weizsäcker. »Verständnis, Vorstellungskraft und politischer und moralischer Mut« werden gefordert.

Wie lange ist das her. Und was soll man heute dazu sagen. Wie soll man nicht den Mut verlieren angesichts endloser Debatten.

2. AUGUST

Es gab einen großen Regen, es goss wie aus Kübeln, und während in der Stadt die Straßen zu Bächen wurden, sog hier die durstige Erde alles Wasser dankbar auf.

Am Abend ging ich mit dem Bambusstöckchen raus, die von Tropfen schweren Blüten vom Oleander, von den Lilien und vom Phlox, der zu den Himmelsleitergewächsen gehört, zu stupsen. Schnecken gibt es kaum in diesem Jahr. Selbst nach dem Regenguss fand ich nur wenige, und wenn sich mal eine aufs Terrassenholz verirrte, tat sie mir leid, so schrumpfig, so mager.

Das Herumgehen im Garten, ob am Morgen oder in der Dämmerung, auch, wenn es dunkel ist und ich in die hellen Fenster schauen kann, erfüllt mich immer wieder mit Dankbarkeit. Dass wir hier im Grünen sind, von der Natur wohltuend umgeben, es ist nicht unser Verdienst. Wir verdanken es meinen Großeltern, die das Grundstück erwarben, den Garten anlegten und das Haus bauten, meinem Vater, der baute und gestaltete, der verschwand und wieder auftauchte, und der Beständigkeit und dem Mut meiner Mutter, die es erhielt.

Weg sein. Dasein

Zum Nationalsozialismus ließ Karoline sich nur insoweit überreden, dass sie schwieg, dass sie die Naziaktivitäten meines Vaters nicht zur Kenntnis nahm, Versammlungen, Aufmärsche, vielleicht auch Besäufnisse, die eine oder andere Schlägerei. Sie ertrug die Trennung durch den Beginn des Krieges, sie hielt das Warten auf Nachricht von der Front aus, das Warten auf Lebenszeichen, auf die Rückkehr des Ehemanns.

Auf einmal ist der Vater wieder da. Der Krieg ist vorbei. Sturmklingeln, lang kurz lang, das K des Morsezeichenalphabets. Aber so recht da ist er nicht, mein Papa, er muss sich verstecken. Es ist die Zeit der »Entnazifizierungen«, es ist auch die Zeit der nächtlichen Razzien, des Verschwindens von Vätern, Söhnen, Brüdern. Sachsenhausen oder Sibirien. Wer seinem Nachbarn nicht gefiel, lief Gefahr, denunziert zu werden. Niemand war sicher, auch die Frauen nicht. Wie schlimm die Angst war, wie unsicher das Leben in der Zeit des frühen ›Aufbaus des Sozialismus‹ in der sowjetisch besetzten Zone, als Privatbesitz enteignet wurde und man Menschen beschuldigte und sie als »Schädlinge, Saboteure und Störenfriede« zu hohen Zuchthausstrafen verurteilte, habe ich erst Jahrzehnte später begriffen. Das Kind hatte keine Angst. Das Kind hatte einen Helden zum Vater.

Aber der Vater besaß nicht den richtigen Ausweis, der es ihm erlaubt hätte, in seinem in der ›Sowjetzone‹ gelegenen Haus zu sein. Er hatte gar keinen Ausweis, er kam irgendwo her, aus der Kriegsgefangenschaft abgehauen, eine Zeitlang in Salzburg hängengeblieben, wo Mutters Schwester ihn pflegte und aufpäppelte. Auf einmal war er da.

In Kleinmachnow hatte Willi nicht nur Freunde. Alte Feindschaften aus der Zeit der Schlägereien mit den ›Sozis‹, alte Missliebigkeiten brachen wieder auf. Jemand legte ihm eine Pistole auf die Kellertreppe, was einem Todesurteil gleichkam. Wenn es nachts an der Haustür klingelte, wenn kein Morsezeichen kam, sondern wild und lange die Klingel eine Razzia ankündigte, schlich Willi die Treppe hoch, die knarrenden Stufen der Holztreppe meidend, er verschwand im obersten Stockwerk, im hinteren Mansardenzimmer kletterte er durchs Fenster auf das Dach, und Mutter schloss hinter ihm den Fensterflügel, zog die Gardine vor und machte die Zimmertür zu, ging runter die Haustür öffnen, sagte: Niemand da, nur die alten Eltern, das Kind. Derweil Willi auf dem steilen Mansardendach hockte. Er hockte da, wo die Linde ihre Äste ausbreitete, wo ihr Blattwerk am dichtesten war. Und der Baum verbarg ihn und schützte ihn. Hat keiner gedacht, dass er abstürzen könnte?

Er war da, dann wieder weg. Karola hatte ihre Angst im Griff.

Im Werkstatthaus, das wir nicht mehr bewohnten, hausten zuerst die Russen, sie benutzten die Badewanne als Klosett, sie schnitzten mir Vögel aus Holz. Dann zog eine Flüchtlingsfamilie ein, ordentliche Leute, Vertriebene aus Hinterpommern. Ortsnamen wurden nicht genannt, Ursachen verschwiegen. Das Wort vertrieben war tabu, heimatvertrieben erst recht, Umsiedler hießen sie. Auch von Heimweh keine Rede. Ilse, das Mädchen, wurde meine Freundin.

Willi ging bald darauf in den Westen, wo er mit unterschiedlichen Arbeiten sein Geld verdiente.

5. AUGUST

Von Ilse lernte ich die schnulzigen Lieder, die mir bis heute im Kopf herumgehen, und ich lernte ein wenig über die Jungs. »Am Golf von Biscaya ein Mägdelein stand. Ein blonder Matrose hielt sie bei der Hand. Sie klagt' ihm ihr Schicksal; ihr Herz war so schwer. Sie hatt' keine Heimat, kein Mütterlein mehr.«

Melodien, die einen ein Leben lang begleiten, ebenso Gerüche, Geräusche, Berührungen. Garten und Haus sind mehr als ein Fixpunkt auf dem Stadtplan, mehr als Straßenname und Hausnummer; Garten und Haus sind, zunehmend mit der Zahl der Jahre, eine Ansammlung von Wahrnehmungen, die vielstimmig und bilderreich, mit klarem oder unscharfem Rand mein Gehirn bevölkern; es gibt kein nach Jahreszahlen oder Bedeutung, nach Wohlgefühl oder Unbehagen geordnetes System. Viele Eindrücke verknüpfen sich zu Geschichten. Und in den Geschichten, ich zitiere Friederike Mayröcker, stimmt immer alles ein bisschen nicht ganz.

Der vegetabile Geruch, als ich heute Morgen den Klimmer vorsichtig von der Wand löste, führte mich zurück. Der Brandgeruch eines Kamins beschwört die kindliche Angst vor einem Feuer in der Tischlerwerkstatt und eine lebenslange Wachsamkeit; der klinische Geruch im Sprechzimmer des Arztes weckt die Angst des Tbc-kranken Kindes vor der Einweisung in eine Lungenheilstätte; die knarrende Treppe triggert die Angst, dass Vater entdeckt wird. Gefühle, die die Sinneswahrnehmungen begleiten, verändern sich kaum, manchmal bleiben sie ein Leben lang erhalten. Ausgelöst durch einen heftigen Regenguss kommt die Lust auf, barfuß im sommerwarmen, regennassen Lehm zu waten. Hefekuchen und Leberwurst mit Majoran und der Liebstöckel in der Hühnersuppe – so schmeckten und rochen Familienfeste. Der mit dem Duft von Heu gemischte Hühnerstallgeruch und die Wärme eines frisch gelegten Eies, der Leierkastenmann und ein tanzendes Kind – das Erinnerungsgeflecht ist eher ein Wust als ein Gewebe, überall hängen Fäden aus dem Gewirr, an denen du nur zu ziehen brauchst.

Ach, ich vergaß beinah den Leierkastenmann

Auf der Straße spielt einer die Drehorgel, man hört es in den Gärten.
Unter einer Linde, wo der Jasmin über den Zaun hängt, hat er seinen Kasten aufgestellt. Lieschen ist drei oder vier, Lieschen rennt raus, rennt ein Stück die Straße runter, ist fasziniert und beglückt. Beginnt zu tanzen: Ach du lieber Augustin. Das Kind ist aus den Sachen geschlüpft, Nacktsein im Garten ist erlaubt, warum hier auf

der Straße nicht, ist keine Frage. Splitternackt tanzt das Kind zur Leierkastenmusik, die Sonne scheint, die Luft ist wie Seide, wie die freundliche Hand der Mutter, nichts engt ein, nichts hindert die Bewegungen, und die Leute, die Nachbarn, die rausgekommen sind, eine Münze in der Jacken-, der Schürzentasche, sie lachen, sie klatschen im Takt. Schenk mir doch ein kleines bisschen Liebe. Liebe. Es ist eine Wonne. Später schüttelt die Mutter den Kopf, sie kann nicht anders, dann kommt auch die Scham. Aber es ist ein leises Schämen, die Wonne war zu groß.

Und schon haben wir August. Schon fallen müde Blätter von Birke und Weide und die ersten Äpfel liegen im Gras. Wir haben ein Gartenfest gefeiert, und ich habe es geschafft, in der Wildheit der Blumenbeete den Reiz des Natürlichen und in den verdorrten Blättern im Gras den Charme der Vergänglichkeit zu sehen. Ein mediterranes Buffet, und alle haben geholfen und ich habe aus meinem Leben erzählt.

6. AUGUST

Und schon sind die Kürbisse reif. Wie im letzten Jahr hingen mehrere Hokkaidos hoch oben im Hollerbaum, so dass Lutz sie mit der Leiter herabholen musste. Immer noch handlich, die orangenen Hokkaidos, und so gut im Aroma, nicht zu vergleichen mit den Riesenkürbissen, für die man eine Schubkarre braucht.

Als unser Garten der täglichen Versorgung diente, gab es die Gartenkürbisse von der großen Sorte nur ein einziges Mal. Keinem schmeckte das Kürbiskompott und war doch so viel, dass man nicht wusste, wohin damit. Hokkaido, Butternut und Spaghettikürbis waren unbekannt.

Als ich in Kleinmachnow und dann in Zehlendorf zur Schule ging, interessierten mich die Früchte des Gartens wenig, es war so selbstverständlich, dass es Obst gab und Gemüse und Kartoffeln in der Erde. Da im Sommer meine Mutter nach den Mahlzeiten fast täglich anordnete, ich möge mir zum Nachtisch doch selber ein paar Beeren aus dem Garten holen, langweilig, immer die sauren Beeren, gewöhnte ich mir das Obstessen, das Naschen vom Johannisbeerstrauch, von den Stachelbeeren ab. Naschen hat, wenn es angeordnet wird, keinen Reiz. Für mich und die Nachbarskinder war der Garten in erster Linie Spielplatz, Baden in der Regenwassertonne, Verstecken im Maisfeld oder hinter den Schuppen, auf Bäume klettern und Kirschkernweitspucken. Kaulquappen und Frösche fangen und ins selbst gebaute Terrarium setzen. Zwar musste ich bei bestimmten Tätigkeiten, wie Unkraut beseitigen, helfen, doch ich versuchte, es zu umgehen, indem ich Schularbeiten vorschützte; da kam keine Liebe fürs Gärtnern auf. Die Stadt war das Ziel, das so nahe Westberlin; mit Freundinnen nach der Schule durch die Straßen trödeln, später flanieren, shoppen hieß damals bummeln, und West-Sachen kaufen. Die Zeit der einsamen Naturbeobachtungen war vorbei. Der Birnbaum war gewachsen.

Als ich in Westberlin studierte, hörten die Anforderungen, mich an der Gartenarbeit zu beteiligen, auf. Der Garten war nur noch Kulisse. Mit dem Fachbuch saß ich im Liegestuhl. Nur am Rasenmähen mit dem handbetriebenen Mäher beteiligte ich mich, das war Sport.

7. AUGUST

Faulheit oder Fleiß. Am Morgen ging ich durch den Garten, es war noch Tau im Gras, bedächtig ging ich herum, absichtslos. Nur schauen und das Geschaute für den Tag bewahren. Verordnete Untätigkeit oder, wenn man so will, ein Meditationsgang am Morgen.

Aber schon beim Lavendel stört mich ein daumenlanger Eichenschössling, der da nicht hingehört, ich reiße ihn aus. Lavendelduft umweht mich. Die Persikarie kommt dem Rosmarin und dem Salbei zu nahe durch viel zu viele Sämlinge, auch die müssen raus. Rosmarinaroma haftet an den Fingern. Da sind auch Pflänzchen, die die Topinambur ausgesendet hat. Man bückt sich, reißt aus. Dann am Zaun die grünen Bohnen, wieder sind sie nachgewachsen, müssen gepflückt werden, noch sind sie zart.

Auf die Uhr geschaut, genug gepusselt, gleich kommt mein Bus, ich muss weg. Die Sportgruppe am Mittwoch.

Unterwegs denke ich wieder mal nach; ist es Erziehung, ist es Vernunft? Und ich denke an die beiden Schwestern im Märchen, die Fleißige und die Bequeme. Mit Pech bestraft zu werden, ist nicht, was man sich wünscht. Doch ich hätte durchaus das Ausrupfen im Lavendelbeet und das Bohnenpflücken auf später verschieben können, um die paar Minuten vom Morgen voll und ganz auszukosten.

Also doch Erziehung? Ich denke an Anatole Frances kühnen Spruch von der göttlichen Faulheit. Im Grunde möchte ich beides sein, die emsige Goldmarie, die arbeitet und belohnt wird, und die Pechmarie, die es aushält, nichts zu tun, und im Idealfall kann ich der Strafe entgehen.

Am U-Bahnhof Thielplatz halte ich Ausschau nach dem Mann, der die Bäume von Tackerklammern befreit; er ist nicht da.

13. AUGUST

Der Tag des Mauerbaus.

Und: Ein Wildschwein war heute Nacht in unserem Garten, der Zaun ist defekt.

Mehr ist zu beidem nicht zu sagen.

14. AUGUST

Und doch ist mehr dazu zu sagen. Eine Irritation. Und ein Traum.

Christa Wolf greift am Beginn ihres Romans *Kindheitsmuster* auf William Faulkner zurück: »Das Vergangene ist nicht tot; es ist nicht einmal vergangen.« Und fügt hinzu: »Wir trennen es von uns ab und stellen uns fremd.« Wenn ich bisher dachte, das stimmt nicht oder ist zumindest fragwürdig, denn ich meinte, mich den Dingen stets gestellt zu haben, denke ich jetzt, sie hat recht. Manchmal hat sie recht: Wir stellen uns fremd.

Ich träumte, ich war an einem fremden Ort, eine Stadt am Meer, angenehm der Ort, freundlich die Bewohner. Nur ich wusste nicht, wohin; wollte zu den zu mir gehörenden Menschen, suchte den Weg und fand ihn nicht. Hatte keine Adresse, kein Geld, keine Telefonnummer, kein Handy, irrte umher, immer wieder glaubend, hier ist es richtig, trotzdem war es verkehrt, bis ich in ein Haus ging, auch dort keine Hilfe, denn ich wusste die einfachsten Dinge nicht.

Aufwachen und alles tut weh. Aufwachen und froh sein, dass es ein Traum war und dass ich einen Ort doch habe.

Es war der Traum vom Mauerbau. Ich war in England am 13. August 1961, besuchte einen Sommerkurs in Oxford, ich flog zurück, blieb in Westberlin, und alles war neu, und vieles war fremd. Kleinmachnow abgeschlossen, vorbei.

Ich stellte mich tot, sperrte den Schmerz, die Trauer und meine Erinnerungen aus – keine Bitterkeit, keine Tränen, nur die Aufgabe, mich und mein Leben neu zu organisieren.

Im Wartesaal

»I feel sorry for you.« Dieser Satz wurde gesagt am 13. August 1961. Die Nachricht vom Mauerbau in Berlin ging um die Welt, Angst und Entsetzen machten sich breit. Wie geht es weiter? Gibt es Krieg? Es war ja nicht nur der Osten betroffen, meine DDR, aus der ich kam, sondern auch der Westen, die Alliierten in Berlin. Nichts ist mir im Gedächtnis, keine Zeitungsbalken, keine Fernseh-Specials, keine Gespräche unter den Studenten. Nur der kleine Splitter Mitgefühl während einer Theateraufführung in Oxford, wo ich die Sommerferien verbrachte, um mein Englisch zu verbessern: »I feel sorry for you«, es gab *Die Lerche* von Jean Anouilh, *The Lark*.

Ich machte weiter, als sei nichts passiert. Schrieb meine Essays, wohnte bei einer unsichtbaren Familie, die mir morgens das Frühstück hinstellte, unternahm eine Hitchhike-Tour mit Ricarda nach Schottland, fuhr in einer Neumondnacht mit dem Fahrrad ohne Licht durch finstere Straßen von irgendwo nach Hause zu der unsichtbaren englischen Familie. Seltsam, dass sich gerade das Bild von der Dunkelheit so eingeprägt hat; am Straßenrand die Bordsteinkante kaum zu erkennen, dann etwas, das mich beinahe zu Fall bringt, ein zusammengerollter Igel.

Wer weiß schon, wie viele Bilder falsch sind. Ich war blind in diesem Zustand des Abschieds und der Trennung. Ich war nach Oxford gefahren in der festen Überzeugung, hinterher wieder nach Hause zurückzukehren. Dass ich jetzt nicht zurückgehen würde in mein Elternhaus in Kleinmachnow, war einzig und allein eine Folge der äußeren Ereignisse. Geschichte ereignet sich uns. Die Trennung von meiner Mutter war nun ohne mein Zutun vollzogen. Über das, was ich zurückließ, über die alleingelassene, zu Depressionen neigende Frau, die von jetzt an in ihrem Haus mit dem großen Garten hinter Mauer und Stacheldraht lebte, wollte ich nicht nachdenken. In meiner Erinnerung ist die eingesperrte Mutter zu diesem Zeitpunkt nur ein kleines Detail einer übermächtigen Geschichte. Ein Blatt am Boden. Ein Tier in seinem Versteck. Ich verdrängte jegliches Mitgefühl. Vielleicht war ich sogar froh. Aber wie kann, wie darf man froh sein angesichts der brutalen Idee, ein ganzes Land zu ummauern. Ich flatterte über dem Geschehen, eine Lerche über einem Feld, tat so als wäre nichts, spürte nichts; ich sah die Dinge, aber sie gingen mich nichts an. Ich war frei.

Ein Zustand wie in einem Wartesaal. Stimmen von anderen, dich betreffen sie nicht. Dunkelheit draußen, drinnen ein jede Ecke ausleuchtendes und trotzdem trübes Licht. Züge, die kommen und wieder abfahren. Matte Schläfrigkeit, die den Schlaf sucht, aber immer einen Rest an Aufmerksamkeit bewahrt, damit man den Zug, den einzig richtigen, nicht verpasst. Ansagen durch Lautsprecher, abgeklopft auf ein Wort: Berlin. Mein kleiner Koffer. Mein Ziel ein nur noch halbes Berlin: Westberlin. Alles was ich besaß, war nun in diesem einen kleinen Koffer.

Nach dem Sprachkurs hatte ich meine frühere Au-pair-Familie in Hampshire besucht; sie waren nett, schenkten mir Sachen zum Anziehen, kümmerten sich nicht um die Ost-West-Geschichten. Dann kam ein Brief von meiner Mutter: Komm bloß nicht zurück, komm auf gar keinen Fall. Wir sind hier ausgeliefert, eingesperrt, von allen verlassen.

Sie, die mich nie loslassen wollte, sagte: geh.

Dann Zwischenstation bei meinem Vater in Elmshorn. Da waren Einladungen zu Leuten, bei denen der Wohlstand schon aufs Türschild geschrieben war. Da war meine Bewunderung der schönen Dinge in ihren schönen Häusern. Meine Gier nach dem Konfekt auf dem Tisch. Mein Vater war froh, dass ich in Westberlin an der FU schon Fuß gefasst hatte, und dass ich jetzt, da ich ›DDR-Flüchtling‹ war, ein Stipendium bekommen würde. Leichten Herzens entließ er mich in die Unabhängigkeit. Meine Unabhängigkeit war ja auch seine.

Wir taten so, als fehlte mir nichts als ein Platz zum Wohnen. Vater schlug vor, ich sollte in Berlin als erstes das Hotel am Mexikoplatz aufsuchen, in dem er selber öfter übernachtet hatte. Ich nahm mich zusammen, gab meinen Koffer auf, ging mit einem frischen Haarschnitt in meinem kurzen armygrünen Mantel, nur das kleine Handköfferchen mit dem Nötigsten am Arm, ins Hotel und fragte nach einem Zimmer. Ich war zweiundzwanzig. Wenn man aus dem Osten kam, war man, plötzlich in den Westen versetzt, auch mit zweiundzwanzig noch zu jung. Sie hatten kein Zimmer; aber ich glaubte ihnen nicht. Es lag an mir, an meinem Fragen, meinen hochgezogenen Schultern, dass sie mich abwiesen.

Ich fand dann eine Unterkunft bei der Oma meiner Kinderfreundin Ingrid in der Fischerhüttenstraße. Sie vermietete an Studenten. Aus der weiten Welt – England war für mich durchaus weite, ferne Welt – in ein Handtuch von Zimmer: Bett, Schrank, Tisch; es war Herbst, und mein Zimmer lag nicht auf der Sonnenseite. Nach vierzehn Tagen zog ich wieder aus.

Ich war Studentin, hatte eine ›Bude‹ in Westberlin, hatte bald darauf einen Freund, hatte Freiheit, hatte eine Vergangenheit, über die ich nicht nachdachte. Manchen tat ich leid. Wie eine Lerche fühlte ich mich nicht. Es fehlte das Singen.

20. AUGUST

Auf dem flachen Dach vom hinteren Haus wird eine Solaranlage installiert. Sechs, acht junge Männer bevölkern Dach, Keller und Garten, suchen den Schatten unterm Pavillon für die Kaffeepausen, und als einmal für anderthalb Stunden der Strom abgeschaltet wird, merken wir, wie abhängig wir sind von der Elektrizität.

Jetzt also Sonnenenergie. Wer hätte das gedacht, als die Weintrauben der Großeltern in der Sonne reiften, als Apfelscheiben draußen trockneten und Dörrpflaumen die Wespen anlockten. Wäsche flatterte zum Bleichen auf der Leine. Regenwasser, mit dem die Gurken gegossen wurden, erwärmte sich in der Tonne, kaltes Wasser, hieß es, mache sie bitter. Auf dem Pappdach der Nebengebäude schmolz der Teer. Ein Schatz die Tabakblätter, aufgefädelt hingen sie zum Trocknen unterm Schuppendach.

Als ich vom Auto aufs Fahrrad umsattelte, war ich jedes Mal, wenn ich an einer Tankstelle vorbeifuhr, überaus zufrieden, weil ich nun nur noch meine eigene Energie, die Kraft meiner Beine brauchte.

Nun das Glück der Sonnenkraft.

Ich nehme die Gartenschere mit den roten Griffen – rot, damit man sie nicht irgendwo ablegt und dann nicht mehr findet in all dem Gartengrün – und gehe Verblühtes abschneiden. Es gibt viel davon, viel Trockenes auch in diesem Jahr. Einiges bleibt stehen, weil es dekorativ ist und im Winter die Beete schmückt, außerdem Nahrung und Unterschlupf für Vögel und Insekten bietet, anderes muss weg, weil es sich zu reichlich aussäen würde, das Schleierkraut zum Beispiel. Der ganze Garten eine Schleierkrautwolke, das wäre doch auch ganz nett.

Ach, die Samenstände vom *Heliopsis helianthoides,* dem Sonnenauge; ich mag es nicht, es ist so schrecklich robust, und immer wieder vergesse ich seinen Namen, den deutschen ebenso wie den lateinischen. Unermüdlich produziert es neue Blüten und neue Pflanzen, wenn man die Samen nicht entsorgt. Nicht auf dem Kompost – in der Restmülltonne.

Aber der Phlox, der brave, treue Begleiter über die Jahre und Jahrzehnte, von Generation zu Generation gerne weitergereicht. Zuerst in der Staudenrabatte der Großeltern, die den Ziergarten krönte. Dann herausgenommen und unter den Mietern verteilt, vorne und hinten angepflanzt, denn in der DDR-Ära gab es mehrere Mietparteien, und jede hatte ein Stück Gartenland in Bewirtschaftung. Später nahm auch mein Vater Phloxpflanzen mit und setzte sie in seinen neuen Garten. Sie überstanden Nematoden und Mehltau. Sie kamen zurück in frisch angelegte Beete, als wir, Lutz und ich, wieder in Kleinmachnow anfingen. Geteilt und neu gesetzt und wieder geteilt, förderte es nicht nur die Verbreitung, sondern auch die Blühfreude und das Gedeihen.

Unser Phlox ist eine altbewährte Sorte, vielleicht Karl Foersters *Frauenlob* aus dem Jahr 1936, vielleicht *Dorffreude* von 1939, rosa mit pupurrotem Auge. Neuzüchtungen kamen dazu.

Als in diesem Sommer die Hitze groß war und der Regen ausblieb, blühte trotzdem der Phlox. Es kamen kräftige Güsse, die Stängel beugten sich, die Blüten klatschen zusammen. Ich richtete sie auf, sie blühten weiter. Als ich glaubte, sie seien endgültig verblüht, als ich begann, die herbstbraunen Dolden abzuschneiden, entdeckte ich unter dem verwelkten Blütenflor neue Knospen, so streifte ich nur das Trockene ab, und wenige Tage später flammten die Blüten wieder auf und stehen nun seit über einer Woche im ansonsten schon spätsommerlichen Beet. Daneben die Ligularie *Desdemona,* dunkel das Laub, die Blüten eifersuchtsgelb, eigentlich eine Teichrandpflanze, hält sie es seit Jahren im Staudenbeet aus. Die Sorte *Othello* gibt es auch.

Nur die Hortensien – welch trauriger Anblick, gleich wenn man durchs Gartentor kommt. Es war weniger das fehlende Nass als vielmehr die Intensität der UV-Strahlen, die sie altern und vertrocknen ließ. Die Pflanzenauswahl in unseren Gärten wird wohl zu überdenken sein.

7. AUGUST

Wieder so heißes, trockenes Wetter mit Temperaturen über dreißig Grad. Und doch hat das Licht am Morgen und am Abend schon etwas Herbstliches.

PV – Photovoltaik. Das ist die eine Seite der Sonne; die andere ist mit Angst besetzt, mit Sorge um die Zukunft. Der Rasen verbrennt, die Linde bekommt schon gelbe Blätter, die sonst so robusten Herbstastern sind zur Hälfte verdorrt. Die Kermesbeere ist hin, der zarte Pfauenradfarn ist Heu. Nur der Feigenbaum, den wir vor zwei Jahren setzten, scheint sich wohlzufühlen, er hat viele wohlschmeckende Früchte. Die Oleander blühen verschwenderisch von Weiß über Lachsrosa, Rosenrosa bis Dunkelrot. Natürlich freuen wir uns, doch die Freude ist zwiespältig, ist Augenwischerei; dennoch sind die Augen-Blicke wie ein Fest.

30. AUGUST

Ich habe sehr unterschiedliche Kindheitsbeschreibungen gelesen, Selma Lagerlöf und Hape Kerkeling und Saša Stanišić. Was mich jetzt aber wirklich und nach langer Zeit aufs Neue fesselt, ist Christa Wolfs *Kindheitsmuster*. Verflochtenes Nachdenken über das autobiografische Erzählen – »Auffallend ist, dass wir in eigener Sache entweder romanhaft lügen oder stockend mit belegter Stimme sprechen« – und einfache Bilder, die mit wenigen Worten eine Szene heraufbeschwören. »Feuerbohnen und Ringelblumen«, das waren die Gärten der Kindheit, ihrer und meiner. Helle und düstere Fäden im Gewebe – Kindheits-Muster.

1. SEPTEMBER, Sonntag in Sonnenburg

Schwül und heiß, das Thermometer steigt auf über dreißig Grad. Busfahrt mit der Deutsch-Polnischen Gesellschaft nach Polen in den ehemaligen ›Warthegau‹.

In Słońsk, früher Sonnenburg, legen wir ein Gesteck in den Farben der polnischen Flagge ab, rote und weiße Rosen. Das Mahnmal grau und schlicht, Beton und Edelstahl, ein angedeutetes Kreuz, schweigend stehen wir davor. An diesem Ort befand sich ein Konzentrationslager, das bereits im Jahr 1933 für sogenannte Schutzhäftlinge, für Regimegegner und missliebige Personen, eingerichtet wurde; die Sonne brennt, das Schweigen sitzt mir im Hals.

Wir besichtigen das *Muzeum Martyrologii,* wir gehen auf Friedhöfe, hören Zeitzeugenberichte. Um die achthundert Häftlinge der Anstalt aus dem Weg zu räumen, wurden sie 1945 vor der Ankunft der Roten Armee kurzerhand erschossen. Menschen im Widerstand, Kriegsdienstverweigerer, »Rundfunkverbrecher«, das waren Personen, die, man glaubt es nicht, verbotene Auslandssender gehört hatten. An die Wand gestellt, erschossen. Ein Foto im Großformat: Berge von Leichen. Ich werde Tage brauchen, bis ich wieder in der Normalität angekommen bin, in meinem einfachen, friedlichen Alltag.

Mit einem Massenmord begann auch der Zweite Weltkrieg. Hitlers Propagandalüge, die Wehrmacht habe am ersten September »seit 4 Uhr 45 zurückgeschossen« war eine doppelte Lüge. Bereits um 4 Uhr 40 reißt eine Staffel deutscher Sturzkampfbomber die ahnungslosen Einwohner einer polnischen Kleinstadt aus dem Schlaf. Die ersten Bomben fallen auf das Allerheiligen-Hospital von Wieluń, dann legen mehr als hundert Sprengladungen das Stadtzentrum in Schutt und Asche. Unter den Trümmern über tausend Leichen. Wieluń – ein polnisches Guernica, über das bei uns kaum jemand etwas weiß.

Es geschah vor achtzig Jahren am Morgen des ersten September. Hitlers »Polenfeldzug« war ein »Feldzug« gegen die polnische Zivilgesellschaft mit Massenerschießungen, Ermordung der Eliten, Vertreibungen, Raubzügen und der Rekrutierung von Zwangsarbeitern. Auch wenn ich öffentlichen Ritualen gegenüber eher skeptisch bin, hier habe ich gespürt, dass das Innehalten, das Schweigen gut war. Rote und weiße Rosen. Es hat sich eingeprägt, ich musste kein Erinnerungsfoto machen.

Am Abend Regen und ein Temperatursturz.

2. SEPTEMBER

Ich habe schlecht geschlafen, morgens tut alles weh, die Schultern, die Knie, das Kreuz. Schwindel und eine leichte Übelkeit halten den Tag über an, unsicher der Schritt. Und ich frage mich, hat es etwas zu tun mit dem Ausflug nach Polen. Warum schaue ich mir jeden Fernsehbericht zu diesen belastenden Themen an, lese Bücher, Abhandlungen, Zeitzeugenberichte, polnische, russische, deutsche. Stehen eigene, vergessene Erlebnisse dahinter oder treibt mich die Frage um: Was hat mein Vater, der »Frontsoldat«, gesehen, was hat er getan? Mein Vater, der Geschichtenerzähler, der von eindrucksvollen Begegnungen und magischen Naturerlebnissen berichtete. Wichtiger als die Realitätstreue war ihm stets die Überzeugungskraft des Narrativs.

In welcher Erzählung seines Geschichtengeflechts gibt es Anhaltspunkte für Verschwiegenes?

Es bleibt die Ungewissheit. Warum habe ich nicht beizeiten gefragt, genauer nachgefragt? Vorsichtig gefragt. Als in den sechziger und siebziger Jahren des vorigen Jahrhunderts die NS-Zeit zur Debatte stand, lauerte hinter jeder Frage an die Elterngeneration die Schuldzuweisung. Was Wunder, dass es keine Antworten gab, stattdessen Abwehr und Gekränktsein. »Wohin auch das Wort noch vordringen mag«, schreibt Christa Wolf in der Rückschau auf ihre Kindheit, »man soll sich nicht vornehmen, alles zu sagen, was sich benennen ließe, damit in der Zone der unausgesprochenen Wörter Scham und Scheu und Ehrfurcht sich halten können.« Ein Zugeständnis, eine Entschuldigung für unsere Väter?

In den alten Fotoalben, die ich im Schrank verwahre, in der Sammlung unscharfer brauner Bilder mit zackigen Rändern gibt es Lücken, es gibt Seiten, von denen alle Fotos entfernt wurden. Was musste entsorgt werden? Ein Sog geht von diesen Gedanken, diesen Fragen aus. Auch von der immer noch aktuellen Frage, wie geht ein Kind mit Kriegserlebnissen um, die weder verstanden werden, noch handhabbar sind oder in einen Sinnzusammenhang gebracht werden können.

Am Morgen des ersten September liegt ein Kind in seinem Babykörbchen am Fenster in der Sonne. Es streckt die Arme aus, bewegt die Beine, es ist drei Monate alt, es geht ihm gut. Man sagt, es habe kaum einmal geweint.

3. SEPTEMBER

Ich habe das Grübeln abgelegt, habe Erde – guten Kompost – in die Hand genommen, Hornspäne dazugetan und die Zitronenverbene in einen großen Topf umgesetzt und unter den Feigenbaum gestellt in der Hoffnung, dass sie den Winter übersteht. Die schmalen Blätter duften so angenehm, dass ich immerzu daran riechen mag. Zum Pflaumenkompott habe ich sie gegeben, eine gute, südliche Note. Pflaumen, die wir jetzt reichlich haben, und die in diesem Sommer kaum madig sind, in Rotwein gedünstet, eine Spur Piment, etwas Zimt, Zitronenschale und einen Schuss Sherry dazu, und dann die Blättchen der Verbene.

In Keramiktöpfen stehen alle möglichen mehr oder weniger exotischen Kräutlein unter dem *Nothofagus,* der Scheinbuche, und warten auf etwas mehr Aufmerksamkeit. Da gibt es das Lauch-Scheibenschötchen mit leicht scharfem Geschmack, den Vietnamesischen Koriander, den ich kaufte, weil ich mich für keinen der anderen, bunteren Blumentöpfe entscheiden konnte, und Wasabi, den Japanischen Meerrettich, der zwar üppig wächst, aber so leicht schlappmacht, weil er eine Sumpfpflanze ist. Ihn erstand ich auf dem Staudenmarkt im Botanischen Garten, musste ihn haben, weil sein Name für mich in geheimnisvoller Nähe zum Wabi-Sabi steht, der japanischen Philosophie der Bescheidenheit und des einfachen Lebens. Sie alle werden gegossen, und auch mal vergessen, aber herzlich wenig benutzt. Nur die Weinraute pflanzte ich ins Beet, sie schmeckte den Schnecken.

Nun bin ich gespannt, was davon durch den Winter kommt. Der Lorbeer, als Bäumchen gezogen, macht es mir leicht.

9. September

Ein Landregen hat zwar die Trockenschäden nicht beseitigt, dafür kam er zu spät, aber das Gras wird grüner, die Erde seufzt vor Wohlbehagen.

Ich habe mir auf der Schubkarre eine Pflanzmischung aus Gartenkompost, Dolomit, Bentonit und Hornspänen bereitet, habe sie nach vorne gekarrt, habe unter dem Feigenbaum ein Loch gegraben und da hinein den Rosmarin gesetzt. Bisher gab es keine guten Erfahrungen, immer hat der jedes Jahr neu gekaufte Rosmarin, wenn überhaupt, kümmerlich im Topf überwintert, kam nie zur Blüte, war den Sommer über ein geschätztes Gewürz, doch im folgenden Jahr kaum mehr als ein struppiger Strunk. Vielleicht hilft ihm nun die Nachbarschaft der Feige und die Nähe zur Südwand vom Haus, dass er so wird, wie ich es mir wünsche, südlich üppig, und dass er mich auf dem Weg in den Garten blühend in himmlischem Blau am Morgen begrüßt.

Als gärtnernder Mensch hat man so seine Wünsche.

Habe danach vom Lauch-Scheibenschötchen und vom Wasabi gekostet, um dem Quinoarisotto eine exotische Note zu geben, und mich dann doch für den simplen Liebstöckel, das Maggikraut, entschieden. Zum Nachtisch gibt es die ersten Trauben unseres historischen Weinstocks von der Maison de Santé, die in diesem Jahr früh reif und sehr aromatisch sind. Resveratrol, ich las es in einem Bericht über Langlebigkeit, ist der Vitalstoff der blauen Traube, der ein gesundes, langes Leben verspricht.

Quinoarisotto, ein wahrlich besonderes Wort, sechs Konsonanten, sieben Vokale.

Nun ist nur noch die Frage, welche Kräuter es früher bei uns gab. Natürlich das bewährte Maggikraut. Außerdem Schnittlauch und Dill und die etwas heikle Petersilie. Bohnenkraut fürs Buschbohnengemüse, Sauerampfer für die Suppe. Pfefferminze für den Tee, und auf der Wiese schnitt Tante Emma die Schafgarbe für ihren bitteren Abendtrunk.

Der Wein trug Früchte und wurde geerntet, solange mein Großvater sich um ihn kümmerte, ihn schnitt, die Reben einkürzte und den Ranken einen Sonnenplatz gab. Nach Großvaters Tod verwilderte das Langlebigkeitselixier. Mein Vater kam sporadisch und immer überraschend, die Pflanze wucherte in alle Richtungen. Die Trauben blieben klein und waren sauer, weil es zu viele waren und die eigenen Blätter sie beschatteten. Die Vögel verbreiteten die Samen. Bis heute wachsen – das ist die Weisheit der Natur – immer noch Nachkömmlinge an Stellen, wo der Boden offen ist und wo man Weinschösslinge nicht erwartet hat. Sie werden großgezogen, was ein paar Jahre dauert, und verschenkt, und so gibt es neue Früchte und neue Liebhaber des unverwüstlichen Weins. Mehr als zehn Meter lange Triebe der historischen Rebe umarmen unser Haus.

21. SEPTEMBER

Glücksmenü. Ich fand das Buch im Internet, als ich nach dem Namen einer Rose suchte, die ich vor einem Jahr geschenkt bekam und in die ich mich gleich verliebte. Eine dauerhaft blühende glutrote Rose, *Heinz Winkler,* so attraktiv, dass wir sie in einen Kübel setzten und in die Nähe der Terrasse stellten. Sie blühte unermüdlich und blüht nun immer noch, und ich hielt Heinz Winkler für einen bekannten Reiter, aber nein, er ist ein Sternekoch, der natürlich auch Bücher schrieb. Also *Glücksmenü.*

Wir waren bei schönstem Wetter auf der Landesgartenschau in Wittstock, genossen die Sommer- und die Herbstblumenbeete zwischen glühenden Backsteinmauern und erfrischendem Rasengrün, und als wir, um etwas zu essen, durch die Stadtmauer gingen, waren alle Restaurants mit Gästen besetzt. Bis auf eines, das war ein chinesischer Imbiss, und der Koch saß auf der Steintreppe in der Sonne, als wir vorbeigingen. Wir kehrten um.

Ente empfahl er uns, mit Bambus und Pilzen. Das Frittierfett zischt, es riecht nach Tier und Sojasoße, »Geschmacksverstärker« steht groß und ungeniert auf der Speisekartentafel an der Wand. Eine Riesenportion gekonnt portioniertes zartes Fleisch mit einer beachtlichen Fettschicht unter der knusprigen Haut, Klebreis dazu, und Lutz trinkt chinesisches Tsingtao-Bier, ich Mineralwasser aus einem Plastebecher. Es war wie der Sonntagsbraten in meiner Kindheit, mit dem ich mehr als den Hunger stillte. Es war ungesund, viel zu viel, und sicher nicht klimaneutral. Es war ein

Glücksmenü. Es erinnerte uns auch an unsere Zeit in Shanghai mit ihren fremden Gerüchen und Geschmacksüberraschungen.

Dann stiegen wir die über zweihundert Stufen auf den Kirchturm von St. Marien hinauf; der Blick auf Häuser und Gärten, Windräder in der Ferne. Vierzig Narzissen der Sorte *poeticus* im Gepäck, fuhren wir mit der Regionalbahn nach Hause.

26. SEPTEMBER

Was für ein himmlischer Morgen. Ich gehe im Garten umher, bleibe stehen und verweile, sehe nicht, was zu tun wäre, stehe nur da und genieße den Morgenhauch. »Die Luft ist still, als atmete man kaum.« So beschreibt Friedrich Hebbel einen Herbstmorgen. Und er sagt auch: Stört sie nicht, »die Feier der Natur«. Was haben wir in diesen hundert Jahren der Natur angetan mit unserem Fortschrittsoptimismus, unserem Drang nach Expansion. Das biblische »Macht euch die Erde untertan« gilt nicht mehr. Macht euch die Erde zum Partner, zur Freundin, zum Freund.

Lutz hat Geburtstag und wir feiern mit Champagner, Kürbissuppe und Apfelmustorte. Die Kinder bescheinigen ihm ein gutes Maß an Vitalität, und wir streiten darüber, ob er zum Trauben- und Apfelpflücken und zum Reinigen der Dachrinnen noch auf die Leiter steigen darf.

1. OKTOBER

Regen seit Tagen. Landregen, Nieselregen, Schauer. Die Erde lebt auf. Nachts sind die Temperaturen nur wenig über dem Gefrierpunkt. Wir packen die Wintersachen aus.

Im Garten ernteten wir zwei Birkenpilze und eine gute Portion vom Lärchenröhrling, der schleimglänzend und nougatbraun im Rasen steht. Einen Steinpilz habe ich mit einem Bambusstab markiert, damit ihn niemand beim Laubharken versehentlich zerstört. Täglich gehe ich nachschauen, ob er wächst, ein stattlicher *Boletus edulis* scheint er nicht zu werden. Es gibt auch zwei kleine schwarzhütige Pilze, die im *Hennig*, dem mehrbändigen *Handbuch für Pilzfreunde,* als essbare Abart vom Steinpilz verzeichnet sind, ganz geheuer sind sie mir nicht. Was wie ein Champignon aussieht, ist leider der Karbolegerling, der jede Mahlzeit verderben würde. Und es gibt viele Pilzchen auf der Wiese, die wir nicht kennen, die das Buch als »bedeutungslos« beschreibt, Samthäubchen, Faltenhäubling, Ackerling und Mistpilz. Den Pantherpilz, bei raschem Hinschauen dem Perlpilz sehr ähnlich, ihn zu nehmen, wäre ein gefährliches, wenn nicht gar tödliches Versehen.

Im *Hennig* blättern ist ein spezielles Vergnügen. Nicht, ob sie essbar oder giftig sind, fasziniert mich, es sind die Namen.

Stinkmorchel, Giftlorchel, Erdschieber. Nordischer Milchling, Grünspanträuschling, Kahler Krempling, Zottiger Reizker. Wurstbreitäubling, Knoblauch-Schwindling, Ziegenlippe, Hallimasch. Schönfußröhrling, Frostrasling, schmutziger Riesenegerling, Schmieriger Gelbfuß. Runzelschleimfuß, Krause Glucke. Wer ein Reservoir an originellen Schimpfwörtern braucht, bediene sich im Handbuch für Pilzfreunde.

7. OKTOBER

Frost in der Nacht und ein Morgen wie ich keinen sah. Der Herbst hat seine besondere Magie.

Ich merke, dass sich die Maßstäbe gewandelt, dass sich mein ästhetischer Blick verändert hat. Es ist frisch und die Sonne scheint und ich schlüpfe zum ersten Mal in diesem Herbst in meine Daunenjacke. Ich freue mich am herbstlichen Garten. Plage mich nicht mit dem Drang, ihn ordentlicher, vielfältiger, sehenswert zu machen. Welche Augenlust bietet doch auch das Vergehen, der Verfall. Die Blätter der Hortensien stehen in verlöschendem Grün, altrosa verharren auf schwarzem Stiel die spröden Blüten – kein Rilke-Blau, das verbleibt der Poesie. In farbiger Heftigkeit wetteifert das bunte Laub des Federbuschstrauchs mit dem Pink am Korkflügelstrauch. Die Birke hat glänzende Strähnen im Haar, hell sind die Blätter der Funkien. Der Steinpilz ist gewachsen. Die kleinen Chrysanthemen am Beetrand sehen wie Zuckerplätzchen aus. Unterm alten Apfelbaum steht für die Ernte der letzten Äpfel die große Leiter.

Wohltuend ist die Natur auch jetzt im Herbst in ihrer unerschöpflichen Vielfalt. Wie tröstlich das Wissen um die Erneuerung im kommenden Jahr. Es nährt die Hoffnung, dass es noch viele gute Lebenstage auch für uns geben möge. Der Verwandlungszauber des Gartens bietet genügend Momente der Beruhigung; so hilft uns die Natur, das Wissen von der Endlichkeit bis auf weiteres zu verdrängen.

Iwan Gontscharow, der literarische Vater von Oblomow, dem russischen Faulpelz par excellence, der im Nichtstun vollkommen zufrieden ist, spricht von der »Möglichkeit des Glücks«. Steht dahinter nicht der Gedanke, dass es reines, dauerhaftes Glück im Zustand der Faulheit nicht gibt, dass vielmehr erst der Wechsel von Tätigsein und betrachtendem Ausruhen glücklich macht.

Auf zu neuen Taten.

8. OKTOBER

Der Maler hat sich angesagt, die Wände im Treppenhaus und in den beiden Arbeitszimmern müssen gestrichen werden. Ein Aufräumfuror hat mich gepackt. Mein Schreibtisch, die Regale. Die Stapel und Haufen, so vieles unerledigt; immerhin ist alles mehr oder weniger geordnet, jedenfalls mit nicht zu großem Suchen bei Bedarf auch zu finden. Die vielen Sammelstücke, der Krimskrams von Jahrzehnten. Muscheln, Trockenblumen, Bilder, Briefe; ein Rosenkranz und eine Ikone, Mäuseknochen.

Das kann man alles in Kartons verstauen und später wieder auspacken. Jetzt ist aber das Ausmisten und das Ordnen von Arbeitsmaterial angesagt. Wäre ich prominent, wäre alles, was ich in die Hand nehme, als mein ›Archiv‹ meinem ›Werk‹ zuzuordnen, und es würde andere Menschen interessieren. Hier und jetzt ist der Papierkorb gefragt.

Wie viele Pläne und Ideen stecken in Zettelkästen und Lose-Blatt-Sammlungen. Was mich einmal faszinierte, ist heute obsolet. Kannibalismus und Gunther von Hagens' Plastinate. Dyskalkulie. Das Martyrium des Hl. Erasmus und der niederländische Maler Dirk Bouts. Das barocke Chorgestühl schlesischer Kirchen. Ich finde Manuskriptabsagen, auch Manuskriptkommentare, ganze Seiten. (So etwas bekam man, selbst wenn das Manuskript unaufgefordert eingeschickt worden war, lang ist es her.) Notizen über China, Notizen über den Bodensee. Aufzeichnungen über den Korbwarenladen von Martha Wolter in Lichterfelde. Aufzeichnungen über die Beerdigung meiner Mutter. Die hebe ich auf. Sie starb mit vierundneunzig.

21. OKTOBER

Kondensstreifen am Morgenhimmel. Das Wetter ist herbstlich mild, eine sanfte Sonne scheint. Zwei Dinge sind mir in den frühen Stunden des Tages wichtig: Tee trinken und den Garten einatmen. Wann wird der neue Flughafen die Gartenruhe durchkreuzen?

Die Malerarbeiten sind erledigt, die Wände leuchten in frischem Weiß. Nur das Aufräumgeschäft geht weiter. In einem Karton entdeckte ich ein schwarzes Heft, ein Diarium, in dem meine Mutter in den Jahren 1948 bis 1970 Erledigungen protokollierte. Ihre klare, angenehme Handschrift, die sich erst im hohen Alter veränderte. Eintragungen, das Haus und Grundstück betreffend, Anschaffungen und Handwerkerarbeiten. Es zeigt, wie groß ihre Verantwortung war, Handwerker zu finden, zu renovieren, zu reparieren, zu verschönern, zu erhalten. Es zeigt, wie tüchtig sie war, sie, die immer so rasch in den Hintergrund trat. Dachpappe, Teer, Fensterfarbe, Zaungeflecht. Samen, Düngemittel und Karbolineum für die Obstbäume. Die Abdeckung der Jauchegrube war auszubessern, Kachelöfen mussten umgesetzt werden, die Türen, die Fenster gestrichen, der Hühnerstall erneuert, die Sickergrube entleert – und so unendlich weiter Jahr für Jahr. Was für eine Leistung an Planung und Organisation. Dazu kamen Gartenarbeiten, die sie in Auftrag gab, Sträucher und Bäume, die sie pflanzen ließ. Rasen mähen, den Komposthaufen umsetzen, den Kompost sieben: vier Mark die Stunde bekam der Gartenhelfer. Die meisten Entscheidungen traf Karola ohne Rücksprache mit dem Ehemann. Der Mann im Westen, der als Ehemann wenig getaugt hatte, war jetzt etwas wert, denn er schickte Päckchen, ›Westpakete‹ mit Kaffee, Schokolade und Dingen, die es im Osten nicht gab. So waren Handwerker leichter ins Haus zu locken. Willi besorgte auch Ersatzteile und ließ ihr auf heimlichen Wegen

Westgeld zukommen. Kam auch mal auf Besuch und legte Hand an, doch meistens nach eigenem Ermessen.

All das trug zum Erhalt des Grundstücks bei. Die eigene Arbeit, die Karola Tag für Tag und Jahr um Jahr in Haus und Garten leistete, verzeichnet sie nicht. Wie gerne würde ich sie Karoline nennen, wenn ich von ihr berichte. Doch sie hatte die strengere Form ihres Namens gewählt, so stand es auch in ihrem Pass.

Ich glaube, es war trotz allem eine gute Zeit in ihrem Leben; sie hatte Verantwortung und konnte Entscheidungen treffen, ihren enormen Einsatz weiß ich erst heute zu schätzen. Die unendliche Fülle der Dinge, die wir jetzt hier gemeinsam, oder wenigstens in gemeinsamer Absprache, und mit der Hilfe von Kindern und Enkel erledigen, bewältigte sie alleine. Sie arbeitete hart, gönnte sich aber auch die Abwechslungen, die bis zum Mauerbau 1961 das nahe Westberlin bot, Kino, Zoobesuche, Einkaufsbummel mit der Tochter, kleine Reisen.

Hüftgold

Wenn die Frauen um den großen Wohnzimmertisch saßen, wenn sie sich auf der Eichenholzbank Kissen in den Rücken stopften, wenn sie Rommé spielten oder aus unseren Goldrandtassen Westkaffee tranken und dazu Kuchen aßen, wurde viel gelacht. Geschwatzt, gelacht, auch geklagt über das Leben im Osten, über den Mann, der im Westen war, aber wiederum doch nicht geklagt, denn der Mann im Westen war dort aus »beruflichen« Gründen, nur wegen seiner Arbeit lebte er nicht bei Ehefrau und Tochter in Kleinmachnow. Sie tranken Likör, Mampe halb und halb aus Bitterorangen.

Die Tochter spielte mit. Im Sommer im Garten, sonst in der Stube.

Es gab Rührkuchen und Sandkuchen, auch mal Frankfurter Kranz, Obsttorte im Sommer und zum Fasching in Butterschmalz gebackene Pfannkuchen. In einigen steckte statt Marmelade eine mit Pergamentpapier umwickelte Westmark, eine Idee meiner Mutter; wer die Westmark in seinem Pfannkuchen fand, rief Oh und Wie schön. Frau Müller hatte eine Aufsteckfrisur, sie war dünn und hager wie ihr Mann, Otto Müller, der aus Petersburg kam. Menschen, die aus Sankt Petersburg kamen, hatten dünn zu sein, das war ein Rest von der Vornehmheit alter russischer Familien. Herr Müller war natürlich bei den Kaffeeeinladungen nicht dabei. Frau Potthoff war da und Frau Kaiser, Frau Tecker aus der Hakenheide brachte ihren Dackel mit; man duzte sich nicht.

Außer Frau Müller waren die anderen Frauen ihrem Alter entsprechend etwas füllig um die Hüften, mich als Heranwachsende störte es nicht, ich war schlank genug. Über Wechseljahre und über Frauensachen sprach man nur beim Arzt, der Frauengold aus der Apotheke empfahl. Nur wenn wir alleine waren, klagte meine Muter über den »Speckgürtel«, aber das Wort Speck wurde nie gebraucht, sie klagte über den Bauch, den kein Hüftgürtel mehr verbarg, die Taille war weg, der Busen nicht mehr sehenswert. »Hüftgold« nannten es die Frauen, und sie konnten lachen dabei. Man trug, wenn man älter war, die Röcke knielang, auf keinen Fall ärmelfrei das Kleid. Dauerwelle, Perlenkette, Strümpfe aus dem Westen, und wenn man es sich leisten konnte, auch Schuhe aus dem Westen, Lederschuhe mit dünnen Sohlen von *Leiser*. Wenn Mutter ausging, trug sie einen kleinen roséfarbenen Hut.

Das Jammern über den Bauch ging mir auf die Nerven. So schlimm war es doch nicht, sie war eine ältere Frau, das war halt so. Aber es war schlimm. Ich sah die Freundinnen, die mein Vater hatte, ich sah den Unterschied zu meiner Mutter, die ungeheure Kränkung sah ich noch nicht.

Die Erbse meiner Mädchenjahre lag unter zwei Kissen. Das eine Kissen war die Westwelt in Hamburg, zu der ich gehören wollte mit schmaler Taille und dem ersten BH, zu der ich manchmal für kurze Zeit auch gehörte, doch stets mit dem Gefühl fremd zu sein. Das andere Kissen waren die Kaffeekränzchen mit Likör und Torte und Frauen, die Hüfthalter trugen und die über die Dinge des Lebens lachen konnten. Oder wenigstens lächeln. Im Lächeln meiner Mutter war meistens auch eine Spur Resignation.

24. Oktober

Die Cyclamen, die den Sommer über verschwunden waren, haben jetzt Blätter bekommen, ein gutes Zeichen, die nächste Blüte ist zu erwarten. Die japanische Kirsche hat schon ihr Laub verloren, auch die großen Apfelbäume sind kahl, und durch die Krone der Linde scheint das Licht. Was noch Blätter hat, könnte herbstbunt sein, doch der Nieselregen zerbricht heute die Farbe. Sobald es aufhört, werde ich im Karree unter den Rosen ein wenig Ordnung machen, werde mich mithilfe einer Abdeckung aus Malervlies vor den barbarischen Dornen schützen, werde hoffen, dass der Rücken das Herumkriechen auf der Erde erträgt. Die Scheinerdbeere, der unkomplizierte Bodendecker, muss reduziert werden, damit im nächsten Jahr die Sommerblumen eine Chance haben, Mohn, Feldrittersporn, Verbenen. Und Dill. Auch Löwenmäulchen säen sich aus, wenn der Winter mild ist.

Es ist nur eine kleine Fläche, die ich bearbeiten möchte, der Rest des großen quadratischen Beets mit Rasenbewuchs in der Mitte bleibt wie er ist, abgeblüht und gerade richtig für Raureif und Winterfrost; Raureif ist die Mozartmusik des Winters, schreibt Karl Foerster, »gespielt bei atemloser Stille der Natur.« Ich freu' mich drauf.

Wie kam es zum Karree-Beet?

Meine Mutter war in das Alter gekommen, in dem ihr alles zu viel wurde; die Kräfte ließen nach, die Geduld und auch die Hoffnung, es möge sich etwas ändern, politisch wie privat. Tante Emma war keine Hilfe, sie wurde ein Pflegefall, sie starb, wurde begraben. Mit siebzig zog Karoline von Kleinmachnow nach West-Berlin.

Nicht, ohne vorher einen privaten Verwalter eingesetzt zu haben.

Es lag nahe, dass nach ihrem Wegzug der Garten parzelliert wurde; jede Mietpartei beanspruchte einen Teil des großen Areals. Hinterm Werkstatthaus lagerten neben Schuppen und Kaninchenstall die Bretterstapel der vermieteten Tischlerei, hier stand der Handwagen, mit dem früher der Mist, später die Möbel aus der Tischlerwerkstatt, Oma zum Krankenhaus, der Sarg zum Friedhof transportiert wurden; auch der letzte Tischlermeister benutzte ihn noch. Daneben beackerte die Familie aus Pommern ihr Gartenstück. Den vorderen Teil zum rechten Nachbarn nutzten die Mieter im Parterre; der junge Mann, der in der Mansarde wohnte, baute sich vorne eine Garage und legte ein Beet an, Gemüse natürlich, Möhren und Kohlrabi, ein paar Sommerblumen dazu. Das große Grundstück gab das alles her. Die Bäume blieben, nur die alt gewordenen ostpreußischen Kirschbäume verschwanden, diese nie wieder gefundene frühe, milde Sorte. Es ging ums Nützliche, von Gartengestaltung keine Rede. Wo das Fräulein, das das zweite

Mansardenzimmer bewohnte, ihr Gartenteil hatte, weiß ich nicht.

Als ich nach dem Mauerfall das erste Mal wieder unser Grundstück sah, dachte ich, da will ich nie mehr hin. Der Eingangsbereich war schrecklich genug; vom ehemals weißen Putz waren große Placken abgefallen, der Rest schmutzig und mit Algen vergrünt, der Briefkasten ein trauriges Loch. Müde stand das Haus hinter kahlem Geäst, sandsteingraue Fassade und grüne Fensterläden mit der Patina der Mangelwirtschaft, von denen einige schon fehlten. Ein Kubus, der meine Kindheit enthielt, darauf wie ein Deckel das Dach. Nie wieder da hin. Im Ort roch es nach Braunkohlebrikett und manches Haus sah ähnlich wie unseres aus.

Dann kam der Frühling, und die Dinge änderten sich. Nach und nach zogen die Mieter aus, was sich über einige Jahre hinzog. So hatten wir Zeit, uns zu entscheiden. Am Anfang wollten wir nur in den Garten, wir planten ein erstes Staudenbeet.

Die Sonne ist hervorgekommen, ich mache mich an die Arbeit im Rosenbeet. Eine überschaubare Angelegenheit, große Zufriedenheit hinterher. Zwischen den Erdbeerranken grünt schon wieder Vogelmiere etc., und hier begegnet mir auch wieder die Acker-Schmalwand, das besondere Kraut, Blütezeit März bis November.

25. OKTOBER

Wir fahren zu Ikea, suchen eine Flurgarderobe für die frisch gestrichene Wand und merken, dass wir zu alt geworden sind, um mit Vergnügen zu Ikea zu fahren. Das Herumsuchen, Neues entdecken, trödeln, Dinge kaufen, die man gar nicht kaufen wollte und Spaß haben, hat seinen Reiz verloren. Also nach Hause. Wir suchen im Internet.

1. NOVEMBER

Es gab ein Amselsterben in diesem Sommer, das tropische Usutu-Virus war schuld, und ich musste mehrere tote Vögel begraben. Nun ist wieder ein Pärchen da, und wir erlauben ihnen, uns die letzten blauen Trauben zu stehlen. Mögen sie im nächsten Jahr die Brut befördern. Es gibt auch Blaumeise, Schwanzmeise, Haubenmeise; die kecke Kohlmeise sowieso. Buchfinken suchen Futter im Geäst vor dem Haus. Das Rotkehlchen begleitet Lutz beim Arbeiten mit Hacke und Spaten. Das Futterhaus ist aufgestellt.

Unser erstes Staudenbeet hatte eine länglich ovale Form, und um den Ort zu kennzeichnen, nannten wir es das Nierenbeet. Von unserer ersten Planung im Jahr nach dem Mauerfall besitze ich eine Bleistiftskizze. Alles sollte dort neben der hässlichen, zum Glück mit Efeu berankten Wellasbestgarage des weggezogenen Mieters Farbe in die triste Ecke bringen, am Anfang ist alles möglich, Rittersporn und Phlox, Pfingstrosen und Lilien, Eisenhut, und Goldfelberich. Glockenblume, Elfenblume, Salomonssiegel. Drei Jahre, sagt man, braucht ein Staudenbeet, bis es sich in aller Pracht zeigt. Es dauerte kürzer, bis sich zeigte, dass der Boden zu karg, die Lage zu schattig war. Pflanzt man um? Hofft man auf ein widersinniges Es-geht-doch?

Übrig geblieben ist der muntere, generationenübergreifende Phlox, Päonien, die ihren Standort gerne behalten, hier aber wenig blühen, und Funkien, die im Laufe der Jahre immer größer und attraktiver wurden. Was einmal dort wuchs und sich nun immer wieder neu aussät, sind Frühlingsplatterbse, Vergissmeinnicht, Schlüsselblume und Leberblümchen, alles Frühblüher, die im Sommer zwischen dem anderen Grün verschwinden.

Die letzten Mieter hatten sich mit einem großzügigen »Macht Ihr mal« zurückgezogen. Der längst verwitwete, stets zu einem Scherz aufgelegte Bäckermeister Fritz Pioch überließ uns im hinteren Gartenteil ein Stück gepflegten Ackers. Guter, im Herbst regelmäßig umgebrochener Boden, zu groß für ein Staudenbeet, wenn man zu zweit seine Pflege bewältigen will. So entstand das Karree.

Die Außenmaße waren die des Gemüsebeets, in der Länge und Breite auf ein Quadrat reduziert, in der Mitte Rasen, so dass zwei gegenüberliegende, winklige Rabattenbänder entstanden; die Beethälften können von beiden Seiten bearbeitet werden, und sie sind in kluger Voraussicht so gestaltet, dass man nirgends erweitern oder anbauen kann. Die Form wiederholt das Quadrat der Rasenfläche im Eingangsbereich und den Grundriss des von Werner von Walthausen entworfenen Hauses. Das Quadrat ist auch eine Hommage an Großvaters Familie hugenottischer Herkunft: Carreaux, das zu Karos wurde.

Ein Sonnenplatz. Ein gemischtes, in vielem heute sich selbst überlassenes Staudenbeet mit drei Stachelbeerbäumchen an den Ecken. Eine Spargelpflanze aus Herrn Piochs Gemüsebeet blieb stehen und dankt es uns jedes Frühjahr mit einer kleinen Ernte und im Sommer und Herbst mit dekorativem Grün. Seit Jahren gibt es zwei stattliche Pflanzen vom violetten Grünkohl, die gegen jegliche Erwartung immer wieder neue Blätter treiben. Gartenfotografien zeigen, wie sehr sich das Beet auch ohne allzu großes Eingreifen verändert hat. Es ist von Jahr zu Jahr schöner, weil natürlicher, geworden.

Private Fotos, Beweise für die Ereignisse all der Jahre – ich vorm Mohnfeld, ich auf dem Baum, ich als Konfirmandin unter der Birke, ich mit Kollegmappe, mit Kamera im Garten – auch sie sind Zeugnisse der Gartengeschichte. Gartenbilder, nie einfach »geknipst«, immer ist da der goldene Schnitt, der unsichtbare Rahmen, der das Foto zum Bild macht.

9. NOVEMBER

Regen. Trübe und nasskalt. Trägheit beherrscht mich, und ich bin dankbar für die warme Stube im Haus. Jubel und Feierlichkeiten schauen wir uns im Fernsehen an. Und noch immer Gänsehaut bei Schabowskis Worten: Sofort, unverzüglich.

Heute vor dreißig Jahren wurde die Mauer geöffnet, sie fiel in den darauffolgenden Wochen, bis sie irgendwann ganz und gar verschwunden war. Die Bilder sind bunt, die Mauerstückchen, die ich aufbewahrt habe, sind bunt. Die Erinnerung ist eher verschliert wie der Blick durch lange nicht geputzte Fenster.

Im Tagebuch meiner Mutter gibt es eine Eintragung vom 29. August 1961, dem Monat des Mauerbaus: »Heute den schweren Gang zum Meldeamt und die Tochter abgemeldet. Viele Eltern hatten diesen schweren Weg für ihre Kinder machen müssen, da sie nicht dauernd eingesperrt sein mochten ... Wie viele Tränen gibt es überall.«

Zwei Tage später räumt sie das Zimmer der Tochter aus, und ein Fräulein Annemarie S. zieht ein.

Ein halbes Jahrhundert später geht die Tochter mit ihrem Mann im neu gebauten Rathaus aufs Kleinmachnower Bürgeramt und meldet sich wieder an. Kein Schmerz mehr, eher eine stille Freude, die aus der Gewissheit kommt, dass vieles im Leben sich zum Guten fügt.

10. NOVEMBER, Sonntag

»Aktion Glanz« heißt der Rundgang im Ort mit der Kleinmachnower Stolpersteingruppe. Sieben Steine blankgeputzt, an jedem eine Rose abgelegt, eine Kerze angezündet und der Menschen, die verfolgt, die ermordet wurden gedacht. Es waren junge Leute, die an diesem farblosen Sonntag in raschem Tempo zwischen Fontanestraße und Erlenweg durch den Ort liefen – wo sind die Alten? Wo sind die Zeitzeugen, die wie ich den 2. Weltkrieg und die Verfolgungen noch miterlebten? Vielleicht war der Weg zu weit, der Himmel trist genug … Unerwartet war für mich das Interesse der kleinen Gruppe an meinen persönlichen Lebenswegen – als Tochter eines Soldaten der Wehrmacht, als Freundin jüdischer Nachbarskinder, als Freundin eines behinderten Mädchens, Edith. Auch als Grenzgängerin zwischen Ost und West. Und dass ich den guten Satz sagen konnte: Die Freundinnen haben unbeschadet überlebt. Dass Ängste und Verfolgungsnot sie vielleicht ein Leben lang plagten, kann man sich denken. Auch Stichwörter wie die »68er«-Bewegung oder die »Weizsäcker-Rede« vom Mai 1985 erzeugten kein Weiß-ich-doch, sondern die Aufforderung: Erzähl mal. So erzähle ich schließlich, dass es einen Zeitpunkt gab, zu dem ich gerne in den Ort, in das Haus meiner Kindheit zurückgekommen bin. So bin ich aufgrund meines Alters unversehens eine Zeitzeugin geworden.

15. NOVEMBER

»O heilige Einfalt der Beschreibung, stehe mir bei«, heißt es in einem Gedicht von Wisława Szymborska. Die Sonne steht schräg,

Insekten spielen in der Luft, kleine Fliegen oder späte Mücken, alles ist goldübersprüht. Die Birke holt das Licht in ihre Krone, einen gelben Teppich hat sie unter sich auf den Rasen gebreitet. Die Korkenzieherweide trägt ein verwaschenes Grün. Hinter dunklen Tannenzweigen erglüht die Blutpflaume, von der tief stehenden Sonne befeuert.

Kann man Natur beschreiben? Kann ich die Stimmung in diesem besonderen Garten wiedergeben, indem ich mich, Pflanze für Pflanze, Baum für Baum, in Details verliere? Der Zauber liege im Detail, behauptet Fontane; ich folge ihm und widerspreche ihm. Lese noch einmal in Julie Vogelstein-Brauns Biografie ihre Gedanken über barocke Kirchen. Sprache könne die »derart miteinander verflochtene, ineinander verschlungene, aufeinander bezogene Vielfalt« nicht simultan fassen. Das könne nur die Musik. Wie recht sie hat; und es gilt gleichermaßen für die Natur. Verflochtene, ineinander verschlungene Vielfalt. Wie die barocke Architektur sehe ich die Natur im Garten, sich überschneidend, ständig neue Blickwinkel schaffend, nicht linear, sondern in dreidimensionaler Prächtigkeit. Wie können Worte das fassen?

Ich denke auch darüber nach, warum die halb gezähmte, halb wild gelassene Natur in diesem Gartenreich andere erfreut. Was ist es, das sie entzückt?

Viele Jahre öffneten wir das Gartentor fürs Publikum im Rahmen der Aktion »Offene Gärten«; mehrere hundert Besucher kamen, und nie war es voll, nie war es laut, nie trat man sich auf die Füße. Man konnte umhergehen, »lustwandeln«, Kaffee trinken, und am Abend sangen wir unter der Birke die alten Volkslieder. *Guter Mond* und *Mein lieb' Heimatland*. Was ist es, das auch mich immer wieder beim Nachhausekommen, beim simplen Gang zum Briefkasten oder zum Komposthaufen bewegt und berührt?

Vielleicht ist es – bei allem Wandel – die Kontinuität und die Verlässlichkeit der Natur, Sonne und Mond, Sommer und Winter. Zugleich schätze ich aber die Eigenwilligkeit der Gartennatur, ihren Eigensinn. Nie schaffe ich es, den Eisenhut zu einer respektablen Blüte zu zwingen, nie das Heer der Rucolapflänzchen zu bändigen. Und nun hat sich auch noch der Feldsalat mit saftiggrünen Rosetten ins Beet gedrängt. Was uns an den Garten bindet, ist auch das Wissen um die Verantwortung, mit dem ein gewisses Maß an Pflege einhergeht. Die dornenbewehrte Rose, die samtblättrige Königskerze, das mächtige Chinaschilf und *Calamagrostis*, das Gras hinterm Haus. Das sind nun die Kinder des Gärtners und der Gärtnerin. *Taraxacum,* der Löwenzahn, auch er gehört dazu. Karl Foerster spricht von »Harfe« und »Pauke« und meint das Zarte und das Heftige, die Gräser und die Stauden – und da sind wir wieder bei der Musik.

Es hat sich gezeigt, dass auch ein geringerer Pflegeeinsatz möglich ist. Der weniger behütete, nicht dem Willen des Gärtners total unterworfene Garten gewinnt gerade daraus seine Besonderheit. Die Schönheit liegt nicht unbedingt im gepflegten Detail.

16. NOVEMBER

Über Nacht ist der Herbst bis vor die Terrassentür geweht, Birke und Linde sind fast kahl, und ich habe nicht mehr den durch Blattwerk versperrten Frühstücksblick. Hinter dem kahlen Geäst sieht man die helle Fassade vom Nachbarhaus. Nur der Bambus bleibt grün, sommers wie winters ein undurchdringlicher Busch. Hätten wir geahnt, was wir uns mit ihm antun, nämlich zügelloses Wuchern, hätten wir ihn nicht in doppelter Ausführung in den Garten geholt. Auch er eine Pflanze, deren lateinischen Namen ich mir nicht merken kann. Oder nicht merken will.

Aber *Taraxacum,* aber *Calamagrostis. Verbascum olympicum.* Von meinem Vater gelernt und bei gemeinsamen S-Bahnfahrten geübt. *Chrysanthemum leucanthemum,* immer hatte er gute Laune, der Tischlersohn mit der humanistischen Schulbildung, der später nicht gerade akademische Berufe ausübte – Eismacher, Barmann, Spielhallenchef … Jetzt schätze ich an den lateinischen Namen neben der Wortmelodie die Genauigkeit und die Einzigartigkeit. Der vielsilbige Name bändigt, was uns mit jedem Gewächs die Natur in Hülle und Fülle anbietet. Ein gutes Gegengewicht gegen die modernen Verkürzungen der deutschen Sprache, wenn der »Umkleide« die Kabine fehlt und der »Binse« die Weisheit.

28. November

Strahlender Sonnenschein, das Thermometer steigt auf 13 Grad. Gute Ausbeute für die Solaranlage. Im Gegenlicht leuchten die Blätter der Wilden Johannisbeere, die als eine der letzten ihr Laub verliert; wie dichtes Spinngewebe stehen die Blütenstände der Waldrebe. Altweiberherbst, Altweiberwinter. Tote Blätter unter den Büschen. Von den Rasenflächen ist das Laub beseitigt, in den Beeten und Grünstreifen bleibt es liegen, ein guter Winterschutz, der nichts kostet und keine Mühe macht. Nun ist der Garten ein Schlupfwinkelgarten. Ein Haufen Äste für den Igel, Laubmulch für Insekten, für Asseln, Käfer und Wildbienen. Regenwürmer ziehen die Blätter ins Erdreich, das gibt eine gute Krümelstruktur.

Von den Hortensien, die an der Einfahrt stehen, habe ich die trockenen Blätter abgezupft, die Stängel und die Blütenstände aber stehenlassen, eine meditative Beschäftigung, das gleiche geschieht dem Purpurdost, dessen Blüten auf den überlangen Stängeln sich den Winter über wie ein Scherenschnitt von der hellen Wand der Garage abheben. Ein Garten der Ruhe. Wie mag der Winter werden, wie die Sommer der kommenden Jahre?

1. Dezember

Nochmal der Bambus. Zuerst suche ich seinen korrekten Namen. *Sinarundinaria.* Oder *Fargesia?* Es gibt den braven Bambus, der am Ort bleibt und Horste bildet, und wuchernde Ungeheuer, von beiden lese ich, sie haben »ökologisch den Wert von Plastikpflanzen.«

Als wir mit dem Gärtnern in Kleinmachnow begannen, bekamen wir den Geheimtipp, ein Privatgarten werde aufgelöst, wegen Umgestaltung oder Bauarbeiten. Alte, große Pflanzen seien preiswert zu haben. Wir stürzten uns, als wären wir im Schlussverkauf, auf einen korpulenten Bambus, preiswert war er nicht, gruben einen Teil davon mit viel Mühe und damals noch vorhandenen Kräften aus. Ein Wurzelballen von gut einem Meter Durchmesser. Die Pflanze hoch, beziehungsweise dann lang, als wir sie mit dem Auto bei offener Gepäckklappe wie eine grüne Schleppe übers Zehlendorfer Pflaster zogen. Wir teilten ihn, gruben ihn ein.

Merkten bald, dass er eine Rhizomsperre braucht. Im vorderen Gartenteil, wo er nahe dem Zaun gepflanzt wurde, verzichteten wir auf die Sperre, denn da wuchs ohnehin nichts, was uns wichtig war. Hinten bildet er bis heute eine dichte, immergrüne Wand, Sichtschutz oder Schattenspender, was beides dort überflüssig ist. Kein biologischer Nutzen; nur die langen Bambusstäbe sind zu gebrauchen, für Stangenbohnen zum Beispiel, und weil Lutz sie nicht kürzen wollte, musste er die Bohnen dann mit der Leiter ernten.

Vorn trieb der Bambusbruder seine unterirdischen Ausläufer bis zu zehn Meter weit ins Gebüsch, in den Rasen, zum Nachbarn, bis Lutz ihn vor zwei Jahren in einem Kraftakt ausgrub und verbrannte. Trotzdem streckt der Unverwüstliche immer wieder seine Nase durchs Gebüsch. Immer aufs Neue müssen die Triebe, die aus dem im Boden verbliebenen Rhizom kommen, beseitigt werden, das ist nun wohl meine Aufgabe für alle noch kommenden Jahre. Des Widerspenstigen Zähmung.

8. DEZEMBER

Viel Regen, keine Sonne. Das leere Grau des Himmels.

Ein Schatten von Verzagtheit liegt über diesen Tagen, wenn es dunkel wird, ohne richtig hell gewesen zu sein. Und ausgerechnet heute gerät mir Jean Amérys Buch von 1968 *Über das Altern. Revolte und Resignation* in die Hände. Ich hatte es beim Aufräumfuror im Oktober zur Seite gelegt – nicht weggegeben, nicht zurückgestellt.

Kein Trostbuch. Améry beschreibt das Schrumpfen der Zeit, die kürzer werdende Zukunftsspanne des alten Menschen. Er beschreibt den Blick in den Spiegel, er schreibt über die Schwierigkeit, die Welt zu verstehen. Er hat recht. Darf ich dennoch widersprechen und statt Resignation Gelassenheit sagen und mir eine Portion Humor verordnen? Darf ich mir anstelle der Revolte ein wenig Nörgelei und gelegentliches Maulen gestatten? Kann ich unbeschwert sein, dankbar für mein unkompliziertes, »einfaches« Leben angesichts der Biografie des Auschwitzüberlebenden Jean Améry?

Ein trüber Tag.

13. DEZEMBER

Drinnen duftet es. Draußen Geniesel, von Sonne keine Spur. Ich habe mich vom Bild des ordentlichen Gartens, in dem zum Winter alles geharkt, verblühte Stängel abgeschnitten, der Boden umgegraben ist, endgültig verabschiedet, und es fällt mir nicht schwer. Seit mir ein lieber Mensch klarmachte, dass die winter-über braunen Blätter, beispielsweise einer Buchenhecke, eine Zierde sind, ihr Braun eine Variante der naturgegebenen Herbst- und Winterfarben, schätze ich mit dem Menschen die ganze Farb-skala dieser Jahreszeit.

In der Küche brennt Licht; wir haben gebacken, Christstollen und Früchtebrot. Seit langem gehört das zu unserem Vorweih-nachtsritual. Lutz bereitet den Stollen nach dem Rezept, das er von seiner Mutter bekam, hält sich genau an die Rezeptur und lässt sich von mir nicht dreinreden. Ich mische die Trocken-früchte und verschiedene Nüsse und Mandeln fürs Früchtebrot jedes Mal anders, sogar Maulbeeren waren jetzt dabei. Der Stol-len schmeckt verlässlich gut in jedem Jahr, mein Früchtebrot immer ein wenig anders als im Jahr zuvor. Immer aber so gut, dass ich es nicht allzu großzügig verteile.

Verurteilte man den einen als pedantisch, die andere als schlam-pig, wäre das ein Ärgernis für beide. Sage man also lieber gründ-lich, zuverlässig, präzise auf der einen, zwanglos, unbefangen und leger auf der anderen Seite. So lässt sich's leben; so kamen wir gut durch die Jahrzehnte. So kam auch die Natur in unserem Garten bisher zu ihrem Recht.

17. DEZEMBER

Tee trinken, auf den Winter warten. Lesen, wie Karl Foerster den Winter beschreibt. Neidisch kann man werden und bekümmert: Schneeflockengeglitzer, klirrender Frost und Raureif in jedem Gezweig, das scheint nun Vergangenheit zu sein, nostalgisches Bilderwerk. Ich denke an das klägliche Ende der Klimakonferenz; vertagt aufs nächste Jahr. Was bedeutet es, dass die Cyclamen schon jetzt im Dezember ihre Knospen aus der Erde schieben? Nach einem Gang durch den Ort trödeln wir durch den Winter-

Garten, der noch ein herbstlicher ist, und begrüßen die Knospen der Christrosen und der Cyclamen, auch am Blumenhartriegel und am Schmetterlingsflieder zeigt sich, klein wie ein Mäusezahn, der zukünftige Blütenflor. Weiß und rot und violett wird es blühen, doch das Grün wird dominieren, hier und jetzt aber beherrschen die Töne der Braunskala unseren Garten.

Heute ist südlicher Wind angesagt, bei Temperaturen bis zu 13 Grad. Ich merke, dass das Beobachten des Klimas, das Aufschreiben von Wetterdaten einen Beigeschmack hat, einen herben. Zu warm? Zu kalt? Zu trocken? Zu nass? Wie wenn man nach der ärztlichen Diagnose einer Erkrankung jedes Symptom mit besonderer, ängstlicher Aufmerksamkeit registriert.

UM WEIHNACHTEN HERUM

Diesmal und eigentlich jedes Mal ein besonders schöner Baum mit echten Kerzen, die auf Metallstäben sicher stehen, mit vielen Stunden Kerzenlicht. Diesmal und jedes Mal die Weihnachtslieder vorher auf dem Klavier geübt und wieder dieselben Fehler gemacht. Wieder kein Winterwetter, nicht mal eine Ahnung von Schnee, es regnet. So ist Weihnachten vorbeigehuscht, denn es fehlte die Kälte, der Schnee, der Winterzauber. Trotzdem diesmal wie jedes Mal alles gelungen, und wie es ist, ist es gut gewesen.

27. DEZEMBER

Wieder warm, um 15 Grad. Ich verbiete mir das abwägende, angstbesetzte, vermaledeite »zu«. Ich schaue aus dem Fenster.

Jetzt, nach einem leichten Morgenregen, prangen tausend Lichtpünktchen in der Korkenzieherweide, schöner als jede Lichterkette, zart, poetisch und vergänglich. Über uns schimmert wohltuend der Himmel, ein perlmutternes Blau. Mit dieser Himmelsfarbe verabschiede ich mich vom Gartenjahr, wir gehen mit Zuversicht in ein neues. Gute Vorsätze? Keine.

Ich danke allen, die in schwierigen Zeiten durchgehalten haben, vor allem meiner Verlegerin Josefine Rosalski.

Ich danke allen, die mir gut zugeredet, mein Nörgeln und mein Zweifeln ausgehalten haben, meinem Mann und meinen Freundinnen.

Und ich danke den Bäumen, dem Gras, den Blumen, die uns in der Pandemie halfen, und die uns auch in der Zukunft helfen werden, Zuversicht zu bewahren.

QUELLENANGABEN

Seite 14
Heimat aus Elisabeth Göbel, *Mitlesebuch 70,*
aphaia-Verlag 2010

Seite 46
Schutzmantelmadonna unter dem Titel *Krieg* aus *Feuerspuren,*
Hrsg. Gesellschaft für neue Literatur,
edition karo – Literaturverlag, 2017

Seite 111
Einst sagte man aus Elisabeth Göbel, *Polonia, du Schöne,*
OMNIS-Verlag, 1999

IMPRESSUM

1. Auflage 2022, © edition ♦ karo
Alle Rechte vorbehalten

edition ♦ **karo**
Literaturverlag Josefine Rosalski, Berlin
www.edition-karo.de
13467 Berlin

Foto Umschlag: Türkischer Mohn, *Papaver orientale*
Foto Fronispiz: Rudbeckie *Rudbeckia hirta*
sowie Kerzenknöterich *Bistorta amplexicaulis*
Porträtfoto Autorin: alle © by Elisabeth Göbel

Gesetzt im Verlag mit der Bembo 10,5/13
Druck und Verarbeitung: Bookpress.eu, PL
Hergestellt in Deutschland
ISBN 978-3-945961-26-1

Die Deutsche Nationalbibliothek verzeichnet diese
Publikation in der Deutschen Nationalbibliografie;
detaillierte bibliografische Daten sind im Internet über
www.dnb.de abrufbar.